D1720511

Sabina Jeschke, Frank Hees,
Anja Richert, Sven Trantow (Hg.)

Arbeit im Wandel

Arbeitswissenschaften

Band 8

LIT

Sabina Jeschke, Frank Hees,
Anja Richert, Sven Trantow (Hg.)

Arbeit im Wandel

Trends und Herausforderungen
der modernen Arbeitswelt

LIT

Das dieser Publikation zugrundeliegende Vorhaben wurde mit Mitteln des Bundesministeriums für Bildung und Forschung (Förderkennzeichen ALK00200) sowie des Europäischen Sozialfonds gefördert. Die Verantwortung für den Inhalt dieser Veröffentlichung liegt bei den Autoren.

GEFÖRDERT VOM

Das Buch wurde gedruckt mit freundlicher Unterstützung der RWTH Aachen University.

Gedruckt auf alterungsbeständigem Werkdruckpapier entsprechend ANSI Z3948   DIN ISO 9706

Bibliografische Information der Deutschen Nationalbibliothek
Die Deutsche Nationalbibliothek verzeichnet diese Publikation in der Deutschen Nationalbibliografie; detaillierte bibliografische Daten sind im Internet über http://dnb.d-nb.de abrufbar.

ISBN 978-3-643-11956-8

Inhalt

Kollektive Kompetenz

Innovationskultur

Virtuelle Arbeit

Innovationen am Arbeitsplatz

Arbeit im Wandel – Einführung

Sven Trantow, Anja Richert, Frank Hees und Sabina Jeschke

Die Bewältigung der tiefgreifenden Veränderungsprozesse in der heutigen Arbeitswelt gehört zu den größten Herausforderungen fortgeschrittener Industriegesellschaften. Arbeit war, ist und bleibt ein systemrelevantes Element der globalen Wirtschaft. Sie schafft Mehrwert, ermöglicht Innovationen und ist eine fundamentale Voraussetzung für jegliche ökonomische Aktivitäten. Gleichzeitig ist Arbeit ein zentraler Bestandteil unseres alltäglichen Lebens und ein zuverlässiges Spiegelbild unserer gesellschaftlichen Rahmenbedingungen und Entwicklungen. Globalisierung, Virtualisierung, Automatisierung, Beschleunigung und Flexibilisierung markieren nur einige der fundamentalen Treiber der Arbeit im 21. Jahrhundert. „Arbeit im Wandel" fragt nach den wichtigsten Trends, Herausforderungen und Risiken der heutigen und zukünftigen Arbeitswelt.

Das Forschungs- und Entwicklungsprojekt „International Monitoring" (IMO)[1] hat Wissenschaftler, Wirtschaftsakteure und Politiker aus zwölf unterschiedlichen Ländern zusammengeführt, um die Frage nach der Zukunft der Arbeit und damit die Frage nach der Zukunft unserer gesellschaftlichen und ökonomischen Realität zu beantworten. Da diese Themen prinzipiell für jeden Menschen von enormer Bedeutung sind, soll „Arbeit im Wandel" einen möglichst breiten Adressatenkreis ansprechen. Ziel ist es, internationales Expertenwissen jenseits von wissenschaftlicher Fachsprache für jeden interessierten Leser verständlich und illustrativ darzustellen.

Grund genug für ein außergewöhnliches Buchformat: Auf dem – sehr begrenzten! – Raum von jeweils etwa einer Doppelseite beschreiben die Autorinnen und Autoren die aus ihrer Sicht wichtigsten Trends und Herausforderungen der modernen Arbeitswelt und geben auf dieser Basis Empfehlungen für die Arbeitsgestaltung im frühen 21. Jahrhundert. Dieses Format der kurzen, pointierten und erfahrungsbasierten Prognosen war für viele Autorinnen und Autoren eine ungewohnte und durchaus anspruchsvolle Herausforderung. Die Mühe hat sich jedoch eindeutig gelohnt: Mit „Arbeit im Wandel" ist ein außergewöhnlicher, transdisziplinärer und inspirierender Sammelband entstanden, der auf Basis des breiten Erfahrungsschatzes internationaler Expertinnen und Experten einen mannigfaltigen und kurzweiligen Einblick in unterschiedliche Facetten der zukünftigen Arbeitswelt bietet.

Trotz ihrer thematischen Breite lassen sich die Beiträge des Sammelbands sinnvoll in sechs unterschiedliche Kapitel mit einem je spezifischen Fokus einteilen:

---

[1]   Das IMO-Projekt wird vom Institutscluster Lehrstuhl für Informationsmanagement im Maschinenbau, Zentrum für Lern- und Wissensmanagement und An-Institut für Unternehmenskybernetik (IMA/ZLW & IfU) der RWTH Aachen University durchgeführt und vom Bundesministerium für Bildung und Forschung (BMBF) sowie dem Europäischen Sozialfonds (ESF) gefördert.

Arbeitsgesellschaft

Mit dem umfassenden Wandel der Arbeitswelt verändern sich auch die Bedeutung der Arbeit für den Menschen sowie das Verhältnis von Arbeit und Gesellschaft. Arbeit wird immer schwerer von Freizeit und Privatleben zu trennen und zu unterscheiden sein. Gleichzeitig nehmen Arbeitsdruck und Arbeitsbelastungen in der angeschlagenen kapitalistischen Weltwirtschaft weiter zu. Es klingt paradox, doch die Menschen brauchen Arbeit und haben gleichzeitig zu viel davon. Wie die entscheidenden gesellschaftlichen Rahmenbedingungen und Herausforderung von Arbeit im Europa des 21. Jahrhunderts aussehen, skizziert *Werner Wobbe* in seinem einleitenden Beitrag. *Milena Jostmeier* reflektiert den grundsätzlichen individuellen, gesellschaftlichen und wirtschaftlichen Nutzen von Arbeit. Doch müssen wir deswegen gleich so viel arbeiten? *Heather Hofmeister* fragt noch genauer: Müssen wir unser Leben von der Arbeit dominieren lassen? Leben wir, um zu arbeiten oder arbeiten wir, um zu leben? *Stella Fleischer* gibt in ihrem Artikel Einsichten, welche Rolle neoliberale Wirtschaftsideologien bei der Beantwortung dieser Fragen spielen, während *Barbara Light* die kapitalistischen Arbeitsbedingungen zwar modifizieren will, dafür aber keine Notwendigkeit zum Rückfall in altertümliche Zeiten sehen kann.

Menschliche Arbeitskraft

Demografischer Wandel, mangelnde Fachkräfte sowie zunehmende Wissens- und Kompetenzbasierung wirtschaftlicher Wertschöpfung machen die menschliche Arbeitskraft zu einem der entscheidenden Vermögenswerte von Unternehmen. Dabei spiegelt der Begriff des Humankapitals sowohl die steigende wirtschaftliche Bedeutung des Menschen als auch seine rücksichtslose Ökonomisierung. *Thomas Wallner* zeigt die besondere Stellung des Menschen in post-industriellen Gesellschaften und fordert, auch im Sinne ökonomischer Ziele, eine endgültige Überwindung tayloristischer Arbeitsorganisation. Für *Fritz Böhle* sind gerade Ungewissheit und Unbestimmtheit charakteristische Phänomene der modernen Arbeitswelt, deren Bewältigung eine Ergänzung des planmäßig-rationalen durch ein situativ-erfahrungsgeleitetes Handeln erfordert. Vor dem Hintergrund zunehmender Flexibilisierung von Arbeit und der Reduktion von Kernbelegschaften bis hin zum Cloud Working prognostiziert *Charlie Grantham* eine Rückkehr von Gilden, durch die sich die Arbeitskräfte selbst organisieren und gemeinsam vermarkten können. Auf welche Weise ein Mangel an gemeinsamen Interessensvertretungen und kollektiven Tarifverhandlungen zu prekären Arbeitsverhältnissen führt, zeigt *Patrizio Tonelli* am Beispiel des Arbeitsmarktes in Chile. Die gesundheitlichen Gefahren und ökonomischen Schäden zukünftiger Arbeitsverhältnisse werden durch die bewusst dystopischen Ausführungen von *Lena Hünefeld* und *Larissa Müller* identifiziert, während *Frank Striewe* und *Markus G. Schwering* den Mythos der Partizipation als Belastungspuffer unter die Lupe nehmen.

Kollektive Kompetenz

Im Zuge hochdynamischer Arbeitsanforderungen und einer weiter sinkenden Halbwertzeit von Wissen reichen rein fachliche Qualifikationen nicht mehr aus, um die individuelle Beschäftigungsfähigkeit über ein immer längeres Arbeitsleben sicherzustellen. Unternehmen benötigen Menschen, die teamfähig und kommunikativ sind, die selbstorganisiert lernen und ihre Fähigkeiten kontinuierlich an neue Anforderungen anpassen. Dabei orientieren sich sowohl das individuelle Lernen als auch die organisationale Nutzung von Kompetenzen mehr und mehr an den Prinzipien der Kollektivität und Vernetzung. *Leif Edvinsson* skizziert die Potentiale menschlicher Vernetzung und kollektiver Lernprozesse zur Bewältigung gesellschaftlicher Herausforderungen. Auf Ebene der Unternehmen zeigt *Christina Öberg* die Vor- und Nachteile projektbasierter Kompetenznetzwerke auf. Vor dem Hintergrund des demografischen Wandels beschreiben *Gabriele Hoeborn* und *Jennifer Bredtmann* die Notwendigkeit zur Bildung einer innovativen Fachgemeinschaft sowie altersspezifischer und individualisierter Lernmöglichkeiten. *Yvonne Salazar* zeigt, welche Anforderungen die Kompetenzentwicklung in Unternehmen zukünftig erfüllen muss und wie sich die Grenzen zwischen Arbeiten und Lernen weiter aufweichen. Abschließend skizziert *Kayano Fukuda* die Integration der externen Kompetenzen von Konsumenten zur gemeinsamen Erschaffung neuer Funktionen jenseits rein ökonomischer Werte.

Innovationskultur

Innovation wird auch in Zukunft das leitende Paradigma wirtschaftlichen Handelns in fortgeschrittenen Industriegesellschaften darstellen – Unternehmen müssen kontinuierlich Innovationen hervorbringen, um ihre Wettbewerbsfähigkeit auf dynamischen Weltmärkten sicherstellen zu können. Eine innovationsorientierte Unternehmenskultur bildet den entscheidenden Nährboden für innovatives Handeln auf allen Ebenen einer Organisation. Dabei gehören die Öffnung von Innovationsprozessen und die Integration externer Stakeholder zukünftig bereits zum Standardrepertoire von Unternehmen. Inwiefern sich Open Innovation zu einem umgreifenden Konzept des Open Working erweitern lässt, zeigen *Keith Bevis* und *Mariana Dodourova*, während *Birgit Fingerle*, *Anna Maria Köck* und *Klaus Tochtermann* die individuellen und organisationalen Herausforderungen dieser neuen Offenheit beleuchten. *Peter Brödner* unterstreicht die fundamentale Bedeutung des Umgangs mit menschlicher Arbeitskraft für Innovationen und zukünftige Wissensarbeit. Die Verknüpfung von Unternehmen mit der Kreativwirtschaft steht im Fokus des Beitrags von *Celina Proch* und *Agata Siuda*, während *Martin Kamprath* die symbolische Wertschöpfung in Form von betrieblichen Stars für erfolgreiche Innovationen herausstellt. Da Innovationsprozesse immer mit Ungewissheit und Unvorhersagbarkeit verbunden sind, macht *Kirsimarja Blomqvist* schließlich auf die steigende Bedeutung organisationalen Vertrauens in der zukünftigen Arbeitswelt aufmerksam.

Virtuelle Arbeit

Automatisierung, Digitalisierung und Virtualisierung der Arbeitswelt werden weiter voranschreiten. Nicht allein wegen der technologischen Entwicklungen, sondern insbesondere aufgrund des zunehmenden Flexibilisierungsdrucks: Arbeit muss immer und überall ausführbar sein. Um diese umfassende Mobilität zu realisieren, werden nicht die Menschen, sondern primär die Informationen bewegt. Menschliche Kommunikationsprozesse verlagern sich von der physisch-gegenständlichen in die virtuelle Realität – die vernetzte und digitalisierte Welt macht es möglich. Was in Zukunft und jenseits heutiger Social Media Instrumente möglich sein wird, skizziert *Eilif Trondsen* anhand eines fiktiven virtuellen Arbeitsverhältnisses im Jahr 2020. Dabei sind die technischen Barrieren zum virtuellen Arbeiten und Leben in der Cloud *Uwe Hauck* zufolge bereits heute überwunden. Und wie *Marc Paczian* betont, sind auch die soziokulturellen Bedingungen gegeben: die Menschen sind bereit für die virtuelle Arbeitswelt – allein die Unternehmen hängen zum Teil noch im traditionellen Paradigma fest. Doch auch hier gibt es durchaus Bewegung. *Lauge Baungaard Rasmussen* beschreibt die wichtigsten Faktoren zur erfolgreichen Gestaltung virtueller Teamarbeit, während *Sebastiaan Meijer* Erfahrungen des Einsatzes von Serious Games in partizipativen Veränderungsprozessen schildert. Welche Wege die umfassende Virtualisierung von Arbeit und Leben in Zukunft einschlagen wird, prognostiziert *Stephen Downes* in seiner Vision einer umgreifend mental vernetzten Gesellschaft.

Innovationen am Arbeitsplatz

Innovation wurde lange Zeit unter einer sehr produkt- und technologiezentrierten Perspektive betrachtet. Mit der zunehmenden Bedeutung des Menschen für die Innovations- und Wettbewerbsfähigkeit von Unternehmen erweitert sich der Fokus insbesondere um soziale und organisationale Innovationen. Veränderungen von menschlichen Verhaltensmustern und organisationalen Rahmenbedingungen versprechen enorme Innovationspotentiale und werden in Zukunft gleichberechtigt neben Produkt- und Technologieentwicklungen stehen – auch unter ökonomischer Perspektive. *Jürgen Howaldt*, *Ralf Kopp* und *Frank Pot* skizzieren einen ganzheitlichen Ansatz zu Innovationen am Arbeitsplatz, der durch soziale, organisationale und technologische Innovationen sowohl die Performance des Unternehmens als auch die Qualität der Arbeit steigert. Wie eine innovationsorientierte und menschzentrierte Arbeitsumgebung aussehen kann, beschreiben *Thomas Fundneider* und *Markus Peschl*, während *Sven Schimpf* und *Flavius Sturm* die zentralen Entwicklungen in der zukünftigen Arbeitsgestaltung im Forschungs- und Entwicklungsbereich illustrieren. *Frank Emspak* vergleicht zwei diametrale, aber durchaus erfolgreiche Formen der Arbeitsorganisation anhand des Beispiels der chinesischen Foxconn und der Gläsernen Manufaktur von Volkswagen in Deutschland. Bei aller prognostizierten Dynamik und zukünftigen Veränderung hält *Hans-Georg Schnauffer* schließlich für einen Moment inne und zeigt vier Merkmale wissensintensiver Arbeitsplätze, die sich – aller Unkenrufe zum Trotz – auch in Zukunft eben nicht verändern werden.

33 Artikel von Autorinnen und Autoren aus zwölf unterschiedlichen Ländern skizzieren entscheidende Trends und Herausforderungen der modernen Arbeitswelt. Dabei machen die Beiträge deutlich, dass Arbeit in erster Linie ihre Form, nicht aber ihre grundlegende Bedeutung und Relevanz verändert. Sie wird stets ein essentielles Element erfolgreicher sozioökonomischer Systeme bleiben. Diese systemrelevante Eigenschaft von Arbeit impliziert eine wichtige Verpflichtung für politische, wirtschaftliche und wissenschaftliche Akteure. Sie impliziert die Verpflichtung einer bewussten und aktiven Gestaltung zukünftiger Arbeit, um ökonomische *und* gesellschaftliche Anforderungen und Bedarfe gleichermaßen decken zu können.

Arbeitsgesellschaft

Die großen gesellschaftlichen Herausforderungen des 21. Jahrhunderts für Arbeit in Europa

Werner Wobbe

Das Konzept des Sozialstaats in Deutschland und Skandinavien beruhte auf großen öffentlichen und privaten Unternehmen mit hohem Gewerkschaftseinfluss und Mitbestimmungsrechten, die ihren Höhepunkt in den 1970er Jahren hatten. Überlegungen zur Arbeitsgestaltung im 21. Jahrhundert haben oft diese spezifische historische Sondersituation vor Augen. Diese Situation hat sich jedoch grundlegend verändert. Die Voraussetzungen für den Sozialstaat der Vergangenheit waren: die Konkurrenz von Sozial- und Wirtschaftssystemen im Ost-West-Konflikt; Staaten konnten ihre sozialen Verteilungskämpfe regulieren; große öffentliche Betriebe bildeten einen Sozialstaat in sich (Post, Bahn, Stadtwerke); die Produktion und Hauptabsatzmärkte großer Privatkonzerne lagen im Inland, wie in der Autoindustrie, der Chemie- und Pharmaindustrie und der Stahlbranche; außerdem waren große Privatunternehmen in sich geschlossene Einheiten in der Wertschöpfungskette des verarbeitenden Gewerbes, die alle vom Unternehmen benötigten Dienstleistungen selbst vorhielten.

Die großen nationalen Mischkonzerne dienten als Blaupause für gute Industriearbeit. Ihre glänzenden Arbeitsbedingungen verfälschten das Bild von gegenwärtigen und zukünftigen Entwicklungen der Arbeit. Es übersah, dass an der überwiegenden Zahl von Arbeitsplätzen in Klein- und Mittelbetrieben sehr viel schlechtere Arbeitsbedingungen herrschten.

Was hat die goldenen Aussichten zerschlagen?

Das Modell eines regulierten, „gemütlichen" und kaum auf Wettbewerb beruhenden Arbeitsumfelds wurde nicht nur durch die Globalisierung in Frage gestellt, sondern auch durch die Buchhaltungspraktiken, die von multinationalen Unternehmen eingeführt wurden. Der Fall der Berliner Mauer brachte das Ende der Systemkonkurrenz, in der ein Höchstmaß an Wohlfahrt angestrebt wurde, und gab den Startschuss für die aktuelle Systemkonkurrenz auf Basis einer globalen Finanzordnung. Große nationale Unternehmen wuchsen bald zu multinationalen Unternehmen und wurden damit von Nationalstaaten unabhängig. An der Spitze dieser Entwicklung standen US-Konzerne, die dem Finanzmanagement von Unternehmen den Weg wiesen. Für diese Managementpraktiken entscheidend waren globale Investitionsmöglichkeiten und neue Informationstechnologien. Outsourcing, die Konzentration auf das Kerngeschäft, die Expansion in neue Märkte und neue Produktionsstätten mithilfe von internem Corporate Trading und Steuermanagement haben eine Verlängerung des goldenen Zeitalters der „gemütlichen" Arbeitsbedingungen untergraben. Der zunehmende globale Wettbewerb – auch innerhalb eines Unternehmens – ist ein Faktor, der das moderne Arbeitsumfeld prägt.

Gute Arbeit wird durch wirtschaftliche Spezialisierung geprägt sein

Die aktuelle Diskussion über die Eurokrise hat Licht auf die wettbewerbsgeprägte Wirtschaftsstruktur der Europäischen Union und ihrer Mitgliedstaaten geworfen, von deren wirtschaftliche Leistungsfähigkeit und Spezifität die Arbeitsbedingungen abhängen. Die Industrie-/Wirtschaftsstruktur einer Region bestimmt die Art der Arbeit, die sie ihren Bewohnern bietet. In Europa hat sich eine zunehmende wirtschaftliche Spezialisierung und Arbeitsteilung entwickelt. So haben Deutschland und Schweden beispielsweise mit ihren Auto- und Maschinenbauern einen starken elektromechanischen Sektor, während Frankreich bei Lebensmitteln und Luxusartikeln glänzt, das Vereinigte Königreich sich auf Finanzdienstleistungen kapriziert und viele Mittelmeerländer aus ihrem Tourismussektor Wert schöpfen. Der europäische Binnenmarkt hat Spezialisierung gefördert und wird sie in Zukunft vertiefen. Den Gewinnern dieser Entwicklung wird eine größere Wertschöpfung durch intelligente Spezialisierung gelingen, wenn sie die richtige unterstützende Infrastruktur für die Spezialisierung aufbauen.

Und wie sind die Aussichten für Arbeit?

Die Industriearbeit wird sich weiter transformieren. Sie wird wissensintensiver werden und in Europas führenden Wirtschaftsregionen hochgradig spezialisierte Cluster bilden. Um auf dem neuesten Stand zu bleiben, müssen Wirtschaftsaktivitäten ihre Spezialgebiete klug wählen und unmittelbare Konkurrenz in Bereichen vermeiden, in denen andere ihnen überlegen sind. Die Aktivitäten müssen sich an ein beschleunigtes Tempo neuer Dienstleistungen, Produkte und Innovationen anpassen.

Diese werden durch die „großen gesellschaftlichen Herausforderungen" vorgegeben. Mit diesem Terminus werden zu erwartende soziale und wirtschaftliche Entwicklungen in Europa bezeichnet. Diese Herausforderungen bilden die Grundlage für neue Märkte, neue Wirtschaftssektoren und neue Formen der Arbeit. Die „großen Herausforderungen" sind die demographischen Veränderungen wie Alterung und Gesundheit, Bio-Wirtschaft und Lebensmittelsicherheit, nachhaltige Energie, umweltfreundlicher Verkehr, Ressourceneffizienz, Rohstoffverfügbarkeit und der Wunsch nach sicheren Gesellschaften. Die Zukunft der Arbeit kann in Bezug auf einzelne Felder der großen Herausforderungen folgendermaßen beschrieben werden: In der Pharmaindustrie werden neue Arbeitsplätze im Alters- und Gesundheitsbereich entstehen, unter anderem in der Biotechnologie- und der Arzneimittelindustrie, in der Medizin, insbesondere in der Apparatemedizin und im Bereich medizinischer Geräte. Dieser Sektor wird hochbezahlte Arbeitsplätze schaffen. Der Großteil der Arbeitsplätze jedoch wird im Pflege- und Wellnesssektor entstehen, mit voraussichtlich niedrigen bis mittleren Einkommensklassen. Die Lebensmittelindustrie entwickelt sich zu einer naturwissenschaftlichen Branche mit einem starken biotechnologischen Wirtschaftszweig. In der Bio-Wirtschaft werden sich voraussichtlich die meisten Arbeitsplätze mit durchschnittlichem Einkommen in der Landwirtschaft wiederfinden. Nachhaltige Energieversorgung, die eine dezentralisierte Energieerzeugung, Energieeinsparungen und Effizienzsteigerungen vorsieht, wird traditionelle Arbeitsplätze im Bereich der Elektrotechnik fördern und kann dieser Art von Arbeitsplätzen in Europa erhalten. Umweltfreundlicher Verkehr strebt Innovationen in den traditionellen Transportbranchen an und wird möglicherweise die Arbeitsplätze in diesen Branchen stabilisieren. Ressourceneffizienz und Rohstoffe schaffen hochwertige Arbeitsplätze in der Wissenschaft und der Chemieindustrie. Sichere Gesellschaften hingegen werden den Großteil der niedrig bezahlten Arbeitsplätze im Sicherheitsgewerbe ausmachen, angefangen bei

Pförtnerdienstleistungen über private Firmenwachdienste bis hin zu Militär und Verteidigung. Letztere werden voraussichtlich auf EU-Ebene organisiert. Sozial- und Bildungsarbeit von mittlerem Wert wird nachgefragt und wird ebenso ausgebaut werden wie jene Arbeitsplätze im Verteidigungssektor, die sich mit hochtechnologischen Lösungen beschäftigen, welche die alternde westliche Bevölkerung vor Unruhen im ärmeren und überbevölkerten Rest der Welt schützen.

Die größte Gefahr für Arbeit in Europa im Rahmen eines verschärften Wettbewerbs und weltweiten Freihandels besteht darin, dass keine Arbeit generiert wird oder minderwertige Arbeit. Die Zukunft liegt in Innovationen für qualitativ hochwertige Produkte und Dienstleistungen zur Förderung des Wohlbefindens einer weltweit wachsenden Mittelschicht. Zukunftsorientierte Regionen werden kluge Spezialisierungen fördern und mit spezifischen Produkten und Dienstleistungen die Märkte der zukünftigen gesellschaftlichen Herausforderungen bedienen.

Nachdenken über (Erwerbs-)Arbeit als gesellschaftliches Erfordernis

Milena Jostmeier

Arbeit bestimmt das menschliche Leben entscheidend. Sie ist notwendige Voraussetzung für die Reproduktion des menschlichen, gesellschaftlich organisierten Lebens und determiniert die Qualität des individuellen und kollektiven Zugangs zur Lebenswelt insgesamt grundlegend. Damit kann das gesellschaftliche Erfordernis, kontinuierlich abstrahierende und differenzierende Blicke auf die *Qualität* von Arbeit zu werfen, nicht überschätzt werden. Arbeit ist nicht nur Mittel zum Zweck wirtschaftlicher und gesellschaftlicher Bedürfnisbefriedigung (und -erzeugung), sondern kann als ein wichtiger Weg gewertet werden, individuelle Erfüllung zu finden. Der individuelle und soziale Wunsch nach Selbstbestimmung findet einen zentralen Ausdruck darin, Einfluss zu nehmen auf die Gestaltung und damit auf die Qualität von Arbeit. Damit wird Arbeit zum Politikum. Das (arbeits-)politische Ziel, Arbeit human-orientiert zu gestalten, konkurriert – nicht notwendig unvereinbar – mit dem Ziel, effizienz-steigernd und gewinnmaximierend zu wirtschaften. In Zeiten zunehmenden globalen Wettbewerbsdrucks erweist sich dies als besonders ‚schweres Los‘. Argumente dafür, dass die gesellschaftliche Diskussion über die Qualität von Arbeit trotzdem nicht zur „Luxusdebatte" verkommen darf, ergeben sich aber nicht ‚nur‘ aus der Bedeutung der Arbeit für jeden Einzelnen, sondern auch aus der Bedeutung der Qualität der Arbeit für die Gesellschaft.

Arbeit ist für den Einzelnen relevant:

Menschen verbringen tagtäglich einen Großteil ihrer (Lebens-) Zeit mit Arbeit. Die Arbeitsbedingungen, die das Individuum vorfindet, die Qualität seiner Arbeit nehmen Einfluss auf die subjektiven körperlichen, geistigen und emotionalen Ressourcen wie seine Gesundheit oder Kreativität. Welche Art von Erwerbsarbeit jemand ausübt, entscheidet wesentlich darüber, welche gesellschaftliche Stellung sie oder er innehat. Geht jemand keiner Erwerbstätigkeit nach, steht er oder sie oftmals am Rand der Gesellschaft. Die Nützlichkeit des Individuums für das soziale Kollektiv steht dann in Frage.

Arbeit ist für die Gesellschaft relevant:

Nicht nur die Verteilung von Arbeit nimmt Einfluss auf die Sozialstruktur einer Gesellschaft, vermittelt etwa über die Zuordnung von (Aus-)Bildung und Einkommen oder Lebensstil. Die Qualität der Arbeit bestimmt maßgeblich mit, in welchem Ausmaß sich ein Individuum einbringen kann in die Gesellschaft, ob es seine Potenziale nutzen und weiterentwickeln kann. Krank machende Arbeitsbedingungen, die sich bspw. in geistig-emotionaler Erschöpfung veräußern können, verursachen – vermittelt über hohe Krankenstände oder Arbeitsunfähigkeit – hohe volkswirtschaftliche Kosten.

Arbeit ist für Unternehmen relevant:

Es zeigt sich darüber hinaus auf betrieblicher Ebene, dass gesundheits- und kreativitätsfördernde Arbeit genutzt wird, um die Innovationsfähigkeit einer Organisation zu erhöhen. Mit der Öffnung von Innovationsprozessen, dem Einbezug etwa von KonsumentInnen und dem Einsatz nicht-linearer Organisationsformen, die bspw. reflexive oder partizipative Strukturelemente vorsehen, treten verstärkt subjektive Ressourcen in den Fokus neuer organisationaler Innovationsstrategien. Es ist der Einzelne, der kreativ und selbstorganisiert auf Unerwartetes reagiert oder Neues entwickeln kann. Seine Motivation und Handlungsbefähigung sind wesentliche Stellgrößen der Innovationsförderung.

Integration von Arbeits- und Innovationsforschung in Deutschland

Das Programm „Arbeiten – Lernen – Kompetenzen entwickeln. Innovationsfähigkeit in einer modernen Arbeitswelt" des Bundesministeriums für Bildung und Forschung erforscht Gestaltungsansätze, die in dieser Hinsicht synergetisch wirken, sowohl persönlichkeitsfördernd ausgerichtet sind als auch die Innovationsfähigkeit von Unternehmen und Netzwerken fördern wollen. Es repräsentiert ein Innovationsverständnis, das nicht mehr nur technologische Innovationen in den Blick nimmt. In einer von neuen (hybriden) Produktions- und Dienstleistungsformaten dominierten und von ständig neuen Wissensbeständen abhängigen Ökonomie gilt es, die Förderung sozialer und (inter-)organisationaler Innovationen innovationspolitisch als gleichwertiges – gleichwohl interdependentes – Förderziel zu berücksichtigen. Arbeitsforschung kann vor diesem Hintergrund – auch in der Technologieentwicklung – soziale Innovationen analysieren und fördern und damit eine wichtige Querschnittdimension von Innovationsforschung und -förderung übernehmen.

Deutschland besitzt eine längere, in Ansätzen und Reichweite wechselhafte Tradition darin, Arbeit im demokratischen Dialog mit Akteuren aus Wissenschaft, Wirtschaft, Politik und Verbänden anwendungsnah zu erforschen und zu gestalten. Hier gilt es, die Varietät der unterschiedlichen Forschungs- und Entwicklungstypen systematisch aufzuarbeiten und entlang der sich wandelnden, z.T. divergierenden Bedarfe von Wissenschaft, Unternehmen und Beschäftigten weiterzuentwickeln und aufeinander abzustimmen. Transdisziplinäre, gestaltungsorientierte Formen sind auf valide Strukturanalysen angewiesen. Sie geben vor, von welchem empirischen Status quo ausgegangen werden muss. Transdisziplinäre Forschung darf daher nicht abdriften in reine (einzelfallorientierte) Gestaltung und Beratung. Förderpolitik und Wissenschaft sind herausgefordert, wissenschaftliche, grundlegende Erkenntnisgewinnung auch hier explizit zu gewährleisten und – gerade im Hinblick auf die Förderung von Innovation – systematisch zu nutzen.

Aus der Bedeutung der Arbeit für die verschiedenen Ebenen der Gesellschaft ergibt sich die Notwendigkeit eines breiten gesellschaftlichen Diskurses über die Qualität von Arbeit. Diese Notwendigkeit wird zukünftig in dem Maße deutlicher werden, in dem der zunehmende globale Wettbewerb und die rapide ansteigende Abhängigkeit der Ökonomie von Wissen Arbeit zu einem wesentlichen Innovationsfaktor macht. Die öffentliche Förderung von Arbeitsforschung kann politisch als langfristige Investition gesehen werden: in wirtschaftliche wie in kulturelle Innovationsfähigkeit, aber auch in sozialen Zusammenhalt und Gerechtigkeit. Gute, oder zumindest gesundheitserhaltende Arbeit sollte aber nicht ‚nur' Mittel zum Zweck ökonomischer Innovationsfähigkeit, sondern gesellschaftlich geteiltes Ziel sein.

Der König, Aschenputtel und das Dilemma der 168 Stunden: Arbeit und *Freiraum* aus Geschichts- und Lebenslaufperspektive

Heather Hofmeister

Ich schreibe dies an einem verschneiten Februarmorgen in meinem Heimbüro. Das Thema „Arbeit im Wandel" lädt mich dazu ein, über die Zukunft der Arbeit und im Umkehrschluss wiederum über ihre Vergangenheit nachzudenken. Die Aufgabe lautet, über Arbeit nach-zu*denken*, und ich beschließe, meinem Bauchgefühl zu folgen – wie empfinde ich zum Thema Arbeit? Und schließlich – was ist Arbeit? Los geht's. Als Anschauungsobjekt dient die Textproduktion.

Revolutionäre Umwälzungen in der Textproduktion

Befänden wir uns im Jahr 1700 und ich wäre ein professioneller Autor, dann wäre ich ein Mann und schriebe zuhause mit Tinte und Papier. Ich hätte den Luxus, mich zu konzentrieren, weil sich Bedienstete um den Haushalt und die Kinder kümmern würden. Befänden wir uns im Jahr 1900, wäre ein professioneller Autor immer noch ein Mann, der in einem Büro per Hand schriebe. Schrieben wir das Jahr 1950, würden meine Sekretärin oder ich das Manuskript vielleicht in einem Büro tippen. Heute, im Jahr 2012, bin ich eine Frau (revolutionär), die wieder zuhause arbeitet (revolutionär), allerdings ohne Bedienstete (revolutionär). Stattdessen machen ein im hohen Maße differenzierter Arbeitsmarkt und mein eigenes Zeitmanagement sowie moderne Technologien die Haushaltsführung irgendwie möglich (revolutionär). Die Technik ermöglicht es mir beispielsweise, diesen Beitrag von zuhause aus zu schreiben, zu überarbeiten und sofort zu verschicken.

Der Mensch ist keine Produktionsmaschine

Was für eine privilegierte Arbeitssituation! Ich sitze zuhause und halte Gedanken in einem schön formatierten Dokument fest, neben mir eine Tasse Tee und unter dem Schreibtisch der Hund, während draußen der Schnee fällt. Andererseits nimmt die Arbeit nie ein Ende. Niemand begrenzt meine Arbeitsstunden. Unaufhörlich gehen neue Anfragen, Forderungen, Chancen und Drohungen in meinem Postfach ein. Ich könnte endlos viel Zeit auf jede einzelne meiner Pflichten verwenden, eine herausragende Lehrerin, Forscherin und Verwalterin zu sein. Kollegen schicken rund um die Uhr E-Mails. Ich muss die enorme Zeit, die diese Art der Arbeit beansprucht, auf ganz persönliche Weise organisieren und kann allein mir selbst die Schuld geben, wenn dies misslingt. So geht es vielen Arbeitnehmern. Die Woche hat für uns alle nur 168 Stunden. Einige davon müssen wir auf die Tatsache verwenden, dass wir nicht als Produktionsmaschinen geboren wurden. Auch unser körperliches, soziales und spirituelles Ich muss in jeder Hinsicht genährt werden – sonst sterben wir. Die moderne Er-werbsarbeit ignoriert diese Bedürfnisse jedoch erbarmungslos. Wir passen unser Privatleben an: Wir verzichten auf Kinder oder schieben sie auf. Wir importieren Arbeiter, die sich um unsere Angehörigen kümmern. Wir ziehen der Arbeit wegen in einen anderen Teil der Welt und belasten damit Verwandtschaftsbeziehungen und ortsgebundene Identitäten. Wir essen unterwegs, bekommen zu wenig Schlaf und tun uns schwer, Zeit für Sport zu finden. Wir verlernen, tief einzuatmen, abzuschalten und unsere Umgebung wahrzunehmen. Leerräume füllen wir mit eifrigem Konsum. Wir stellen die Arbeit so gut wie nie in Frage und geben stattdessen uns selbst die Schuld an unserem Versagen. Was sagen diese Veränderungen dar-über aus, wie sich die Arbeit in unser Leben einfügt oder vielmehr darin überhandgenommen hat?

Wir erleben eine Arbeitssituation, die die Werte der industriellen Revolution im Rahmen einer technologischen Revolution, welche die Arbeit von zeitlichen und örtlichen Beschrän-kungen löst, weiter tradiert. Mit bisweilen ungesunden Folgen für die Menschen. Die körper-lichen, sozialen und spirituellen Bedürfnisse des Menschen waren im Laufe der Geschichte stets ein integraler Bestandteil der Gesellschaftsstruktur. Jede Kultur reservierte Tage zum Ausruhen und Feiern, schätzte und regelte Beziehungen zwischen Menschen und innerhalb von Gesellschaften, traf Regelungen für die Pflege der nächsten Generation und der Alten. Manche Dinge gehören zum Menschsein eigentlich dazu, fügen sich jedoch nicht in das mo-derne kommodifizierte Verständnis von *Arbeit* und haben im idealisierten modernen Arbeits-tag, in der Arbeitswoche – oder gar im Arbeitsleben – keinen rechtmäßigen Platz mehr.

Auswirkungen auf die Arbeitsgestaltung

Eigentlich gibt es vier Arten von Arbeit, die alle unverzichtbar sind. Zum einen gibt es die Er-werbsarbeit, die sich heutzutage als König aufführt und ihren Tribut in Form eines Großteils der Wachstunden und Jahre des Menschen fordert, soziale Identität stiftet, von männlichen Lebensläufen geprägt ist und immer gieriger wird, wodurch den anderen Arbeitsarten immer weniger Krümel übrig bleiben. Dann gibt es zum anderen die unbezahlte Arbeit, sich selbst und seine Umgebung sauber und instand zu halten und zu pflegen; das unsichtbar vor sich hin arbeitende Aschenputtel, dessen Fehlen sich jedoch deutlich bemerkbar macht, wenn es seinen Platz verlässt, um mit dem König tanzen zu gehen – oder gar selbst zum König auf-zusteigen. Die dritte Art der Arbeit ist die der *Familienpflege*, das Unterhalten und Pflegen von Verwandtschaftsbeziehungen, das oft gar nicht als Arbeit anerkannt wird. Findet es je-doch nicht statt, gibt es kein soziales Netzwerk, das uns im Notfall auffängt oder uns an unsere Menschlichkeit erinnert. Die vierte Art der Arbeit ist Bildung, die früher der jungen Gencration zugeordnet wurde, für die Langlebigkeit des Geistes jedoch unentbehrlich ist. Eine nachhaltige Arbeitsgestaltung schafft Raum für alle vier Arten der Arbeit und erkennt an, dass Menschen auch Regeneration benötigen und sich selbst finden müssen, also Raum jenseits der *Arbeit* benötigen.

Ein Teil unserer steigenden Produktivität muss deshalb dazu genutzt werden, unser Le-ben zurückzukaufen anstatt größere finanzielle Gewinne zu erzielen. Zeit- und Aufgaben-management über den gesamten Lebenslauf und über Geschlechterunterschiede hinweg ist deshalb ein wichtiges öffentliches Thema. Eine Arbeitsteilung, wie wir sie derzeit betreiben, stellt eine Verschwendung von Humanressourcen dar. Eine Arbeitsteilung, bei der vor allem Männer der königlichen Erwerbsarbeit nachgehen, schadet der Gesundheit von Männern und Kindern. Indem sich Frauen auf die unbezahlte Aschenputtel-Arbeit und Familienpflege spezialisieren, steigt ihr Armutsrisiko und die Welt der Erwerbsarbeit wird um die Talente von Frauen beraubt. Die Annahme, die gesamte Bildung müsse in den ersten 25 oder 30 Lebensjahren erfolgen, führt die Gesellschaft in den Ruin, da potentielles Talent auf dem Abstellgleis der Arbeitslosigkeit landen. Wir müssen über den gesamten Lebenslauf hinweg in Bildung investieren, hektische und ruhige Phasen in einer Arbeitsbiografie zulassen, jeden dazu einladen, sich an allen vier Formen der Arbeit zu beteiligen, und Räume für das Leben jenseits der Arbeit lassen –*Freiräume*.

Die Zukunft der Arbeit – Wie die Ideologie des Neoliberalismus die Überhand gewinnt

Stella Fleischer

Seit Beginn des Aufkommens eines novellierten Liberalismus in den 1930er Jahren, muss sich dieser einiges gefallen lassen und wird harsch kritisiert. Doch noch nie wurde die neoliberale Idee so stark von der Öffentlichkeit und der Wissenschaft angegriffen und diskreditiert, wie in den letzten Jahren, in denen der Ruf nach einer Sozialordnung laut wurde, welche Anspruchsdenken straft und sich auf die Eigeninitiative, Eigenständigkeit und Selbstbestimmung der Menschen beruft, mit anderen Worten auf kontinuierliche, selbstmotivierte Aktivität. Gegenwärtig am stärksten der Schusslinie stehen die beständige und radikale marktwirtschaftliche Ausrichtung, die liberale Wirtschaftspolitik und die zunehmende Unterwerfung der menschlichen Arbeits- und Lebenswelt unter den Markt und dessen Geboten der Effizienz und des Wettbewerbs.

Bestimmte Aspekte jedoch, die für gesellschaftlichen Wohlstand und Fortschritt konstruktiv sind, behalten ihre Gültigkeit und geben Orientierung selbst dann, wenn das Wirtschaftssystem am Rande des Zusammenbruchs steht. Dazu gehört die Bedeutung und das Vertrauen in eine soziale Figur, die stets die treibende Kraft hinter jeder Wirtschaft und jedem wirtschaftlichen Wachstum war: den Unternehmer. Diese Heldenfigur mit *übermenschlichen Kräften* ist für moderne kapitalistische Gesellschaften unverzichtbar. Die Figur des Unternehmers und das Unternehmertum im Zuge der Hegemonialisierung des Neoliberalismus zu einer politischen und gesellschaftlichen Leitlinie zu erheben, erscheint daher zweifelsfrei als kluger und ganz in der neueren neoliberalen Ideologie stehender Schachzug: Ein Unternehmer ist eine glanzvolle Figur, die über viele Qualitäten verfügt, sich aber auch durch eine gewisse soziale Heimatlosigkeit oder den Mangel an beständigen Beziehungen zu individuellen Betrieben auszeichnet. Anpassungsfähigkeit und Risikofreudigkeit sind weitere Eigenschaften, die ihn beschreiben und nahelegen, dass er sich optimal für ein flexibles, entstandardisiertes, pluralisiertes und entgrenztes Arbeitssystem eignet.

Unternehmerisches Denken und Handeln stellt sich allerdings nicht von jetzt auf gleich ein, sondern bedarf bestimmter Anreize und Strukturen. Diese lassen sich auf einer systemisch-strukturellen, einer institutionellen und einer individuellen Ebene finden und sozialisieren den Einzelnen dazu bzw. veranlassen selbigen, dass er sich selbst derart sozialisiert, dass er markt- und wettbewerbsfähig ist. Arbeitskräfte müssen bereit und willens sein, ihre Arbeitsfähigkeit reflexiv zu aktualisieren, auszuweiten und anzubieten. Dabei liegt die Herausforderung darin, *im Bereitschaftsmodus* zu sein, vielfältige Bereitschaften zu signalisieren; die Trennung von Arbeit und Kapital, von Kapitalist und Arbeitskraftverkäufer ist somit hinfällig, denn Arbeitskraft ist Kapital. Aber betrifft dies nur zukünftige Arbeitskräfte? Woher kommen der ‚Wille‘ zur Selbstoptimierung und der ‚Wunsch‘, für den Markt attraktiv zu sein? Die These lautet, dass die Entwicklung der Produktivkräfte, und damit die Personalentwicklung, schon in der Schule beginnen und für das postfordistische Akkumulationsregime und die Anforderungen des Kapitals funktional sind. Es liegt der Schluss nahe, dass das marxistische Prinzip der Dialektik der Entwicklung von Produktionskräften und der Produktionsbedingungen in den verschiedenen Formen des Neoliberalismus heute aktueller ist denn je zuvor.

Dafür, dass der neoliberale Dreiklang „Liberalisierung – Deregulierung – Privatisierung" und das „Tribunal der Ökonomie" das Beschäftigungssystem infiltrieren, existieren eine Reihe von Indikatoren. Was jedoch romantisch als Befreiung von verkrusteten bürokratischen Strukturen erscheint, ist realiter eine in seiner Qualität und seinem Umfang neue Form der Unterwerfung unter die Marktprinzipien und fördert auf Ebene des Subjekts eine den marktlichen Bedürfnissen adäquate Selbstausbeutung und Eigenverantwortung. Aber auch das Bildungssystem steht unter der Ägide neoliberaler Prinzipien und Rationalität. Der Bologna-Prozess oder die vielen Richtwerte und Rankings in Grundschulen und weiterführenden Schulen unterstreichen die These, dass marktliche Prinzipien auf nicht genuin wirtschaftliche Bereiche angewandt werden. Strukturellen Tendenzen entsprechen Veränderungen und Tendenzen auf inhaltlicher und individueller Ebene. Curriculare Anpassungen und die Kompetenzorientierung sind zusammen mit der zunehmenden Anzahl an Initiativen für Schüler- und Studentenunternehmen weitere Anzeichen.

So haben die neoliberale Ideologie und ihre Prinzipien zunehmend mehr Raum eingenommen und eine Dominanz entwickelt, die Anlehnung an Gramsci als „passive Revolution" bezeichnet werden kann. Wir werden Zeuge, wie sich herkömmliche Formen des Regierens und der Regierungsrationalität wandeln, von einem tyrannischen, autoritären, von repressiv-physischem Druck und gewaltsamer Disziplinierung geprägten Stil zu einer *liberalen*, partizipatorischen, kooperativen und auf Selbstbestimmung zielenden Regierungsform. Die neoliberale Gouvernementalität (Foucault) vollzieht sich im Sinne von Führung (*„conduct of conduct"*) und besteht in Formen, Strategien und Techniken, mit denen, im Sinne politischer Regulation, Macht auf das Verhalten und das Leben von Menschen ausgeübt werden soll und zudem eine Richtung vorgibt, in die Menschen verändert werden bzw. sich selbst verändern sollen (*Techniken des Selbst*).

Wenn das Bildungssystem mit neoliberalen Ideen infiltriert ist, hat dies weitreichende Folgen für die Zukunft der Arbeit und das Beschäftigungssystem. Schulen haben mehr als einen einfachen Bildungsauftrag. Sie sind auch ein Ort, an dem wichtige Grundlagen für unternehmerisches Denken und Handeln gelegt werden und Individuen Fähigkeiten und Kompetenzen erlernen, die sich zur individuellen und sozialen Reproduktion eignen. Die neoliberalen Imperative der Eigenverantwortung und Selbstaktivierung werden von Bildungseinrichtungen vermittelt und intendieren, potenzielle Arbeitskräfte auf die Anforderungen der Arbeitswelt vorzubereiten. Künftige Arbeitskräfte müssen dazu gebracht werden, für sich selbst, ihr Leben, ihr intellektuelles Kapital und ihre Gesundheit Verantwortung zu übernehmen, und diejenigen Bereitschaften auszubilden, die benötigt werden, um in der neuen kapitalistischen Wirtschaft beschäftigungsfähig und attraktiv zu sein. Besondere Beachtung gilt dabei der Gesundheit des Einzelnen im Zuge psycho-physischer Anpassung an ökonomische Kalküle.

Meines Erachtens kann die Zukunft von Arbeit und Beschäftigung nur mithilfe eines integrativen Ansatzes untersucht und bewertet werden, in den das Bildungssystem und seine Bedeutung für die Produktion von Arbeitskräften systematisch miteinbezogen werden. Geschieht dies nicht, ist dies eine unzulässige Engführung, welche vor allem dann deutlich wird, wenn das Konzept des *lebenslangen Lernens* hinzuzieht. Der Lern- und Bildungsprozess beginnt schließlich nicht mit dem Eintritt ins Berufsleben. Wenn also der Bedarf gegeben ist, den Einzelnen als unternehmerisches Selbst anzurufen und ihn dazu zu veranlassen, sich selbst, mitsamt seiner Subjektivität und Persönlichkeit, als unternehmerisches Selbst zu begreifen, dann können Bildungseinrichtungen nicht außen vor gelassen werden, denn hier werden die Grundlagen gelegt.

Die Zukunft liegt irgendwo dazwischen

Barbara Light

Die Zukunft ist rosig. Oder sie ist das *Ende der Geschichte* wie wir sie kennen. Oder sie liegt in unseren Händen und hängt von einer kollektiven Vorstellung ab...

Wenn man den vielen Menschen, die vor kurzem ihre Arbeit verloren haben, diese bald verlieren werden oder sogar Langzeitarbeitslose oder unterbeschäftigt sind (im Vereinigten Königreich liegt die Zahl der Arbeitslosen zurzeit bei 2,56 Millionen, mit steigender Tendenz), sagen würden, dass die Zukunft rosig ist, würden diese einen ansehen, als wäre man gerade einem Raumschiff von einem anderen Planeten entstiegen. Wie kann die Zukunft inmitten der schwersten Weltwirtschaftskrise, die die meisten unserer Zeitgenossen je erlebt haben, rosig aussehen? Sehen Sie nicht, dass wir kein Geld, keine Arbeit und keine Perspektive haben? Wo waren Sie während der Unruhen im August 2011, als im ganzen Vereinigten Königreich Städte in Flammen standen und Plünderer Waren aus zertrümmerten Läden wegtrugen? Und was ist mit den Einschnitten im Sozialbereich und im öffentlichen Dienst, die sich negativ auf unsere Lebensqualität auswirken werden? Und der Tatsache, dass jeder fünfte Jugendliche arbeitslos ist – unsere „verlorene Generation"? Ist die Zukunft für diese Menschen wirklich düster? Haben wir das Ende eines Zeitalters erreicht, an dem wir uns noch immer festklammern und dadurch nicht die Chancen und Innovationen erkennen, die wir ins Rollen bringen könnten?

Die Krise des Kapitalismus

Dies sind wichtige Fragen, mit denen wir alle konfrontiert werden – zumindest in der entwickelten westlichen Welt. Das System des globalisierten Kapitalismus scheint uns die Schwierigkeiten eingebracht zu haben, in denen wir uns jetzt befinden. Wie also können wir einen Ausweg finden und eine aussichtsreichere Zukunft für uns selbst und unsere Welt erschaffen? Der Kapitalismus ist keine homogene Einheit – es gibt verschiedene Spielarten, die in verschiedenen geografischen und kulturellen Teilen der Erde vorherrschen. Während in den entwickelten Ländern des Westens das politische System im Kern auf unangefochtenen links-/rechtsliberalen Ideologien basiert, gibt es im Hinblick auf den Umfang von Sozialleistungen und die Vermögensverteilung Unterschiede. Eines ist jedoch klar: Das System befindet sich in der Krise und es ist unklar, was an seine Stelle treten soll.

Einige Beobachter verweisen darauf, dass der Kapitalismus ein schwankungsanfälliges System mit einer inhärenten Tendenz zu Krisen ist, deren Form und geografisches Auftreten sich verändern. Das lässt sich beispielhaft an der Arbeitsmarktkrise der 1970er Jahre beobachten, die gelöst wurde, indem man das Wesen der Arbeit veränderte – von der heimischen Herstellungs- und Dienstleistungsbasis zum globalen Offshoring. In vielen Ländern, darunter den USA und Großbritannien, wurden auch Privatleuten leichter Kredite gewährt, um ihnen Konsum zu ermöglichen, obwohl ihre Löhne faktisch nicht stiegen. Seitdem ist es zu

Immobilien- und Grundstückskrisen gekommen, beispielsweise in Japan. Die derzeitige Krise ist eine Krise des Kapitals, der Selbsttäuschung und der Gier: Es wurden Märkte wie jene für Derivate und den CO_2-Handel geschaffen, um umfassende Investitionen zu ermöglichen, aber es handelt sich hierbei um erfundene Vermögenswerte. Politisches und nationales Kapital wird darauf verwendet, gescheiterte Finanzsysteme zu stützen – darunter auch den Euro. Alles in allem kein beruhigendes Bild.

Im Vereinigten Königreich sind die Staatsausgaben entgegen aller ideologischen Überzeugung in den letzten 30 Jahren im Verhältnis zum Gesamtwachstum zurückgegangen, während der Konsum – insbesondere in Bereichen wie Freizeit und Kommunikation – erheblich gestiegen ist. Einige Berichte haben hervorgehoben, dass die Zukunft in bestimmten Wirtschaftsbereichen wie Dienstleistungen, dem Hightech-Sektor und CO_2-armen Ressourcen liegen könnte, wenn diese auf neu entstehenden Chancen aufbauen. Innovative Ideen lassen sich in keinem Sektor vorhersagen; aber es ist von zentraler Bedeutung, dass die kontextuellen Voraussetzungen geschaffen werden, um Innovation zu ermöglichen. Diese Bedingungen sollten durch eine staatliche Politik geschaffen werden, die Innovation finanziert und fördert: von Studien-, Forschungs- und Innovationszentren bis zur direkten Unterstützung von Unternehmen, die Innovationen hervorbringen. Damit würde anerkannt, dass Innovation ein Schlüsselfaktor für eine zukünftige wirtschaftliche Belebung sein kann. Eine bessere Vernetzung verschiedener Interessenseigner (einschließlich eines Verständnisses dafür, wo sich die Kundennachfrage entwickeln wird) ist ebenfalls eine Voraussetzung für die Förderung einer positiven Innovationsspirale – und sie sollte nicht auf nationaler, sondern auf globaler Ebene stattfinden.

Nie wieder Wollpullunder

Unternehmen müssen selbst einen Paradigmenwechsel vollziehen: von autokratischen Modellen, die Aufgaben und Personen steuern, zu Modellen, die Mitarbeitern Möglichkeiten und Einfluss bieten und – ganz entscheidend – zum kreativen Dissens ermutigen. Ein solcher Ansatz setzt jedoch neue Fähigkeiten von Arbeitskräften voraus, die dazu in der Lage sein werden, Technologien effektiv zu nutzen und Neuerungen einzubringen sowie neue und nachhaltige Möglichkeiten zu schaffen, von denen sie, ihre verschiedenen Unternehmen und die Welt im Allgemeinen profitieren. Diese unternehmerischen oder „wendigen" Menschen, die über eine Reihe flexibler intraprofessioneller Kenntnisse, Fähigkeiten und Erfahrungen verfügen, werden auch „liquid workers" genannt. Sie handeln schnell, lernen schnell, verwenden neue Geschäftsmodelle wie Crowdfunding, Crowdsourcing und Tauschhandel, und scheuen sich nicht davor, Neuland zu betreten.

Diese Wendigkeit hat auch einen nachhaltigen Aspekt, der sich gut in eine „grüne" Zukunftsvision einfügt. Fragt man einen engagierten Anhänger der „grünen" Bewegung, wie die Zukunft aussehen wird, wird er von kleinen lokalen Unternehmen für Arbeit, Energie und Lebensmittelversorgung und gemeinschaftlichen Verkehrssystemen reden. Er wird auch von Tauschhandel und einer Kultur des Behelfens und Reparierens erzählen, in der unsere Wegwerfkonsumgüter wiederverwendet, repariert und wiederverwertet werden können und handwerklicher Arbeit wieder die überragende Bedeutung zukommt, die sie vor der industriellen / technologischen Revolution hatte.

Meiner Meinung nach liegt die Zukunft der Arbeit irgendwo dazwischen: Ja, das globale kapitalistische System muss grundlegend überholt werden und eine Wende weg von der Gier und seiner aktuellen „extremen" Gestalt hin zu einer Spielart vollziehen, die der Menschheit *dient* und *mit* unserer Natur arbeitet. Ja, technologische Entwicklungen werden weiterhin in einem rasanten Tempo auftreten, und wir sollten sie uns zunutze machen, um flexibler zu arbeiten und ständig dazuzulernen. Ja, wir brauchen neue und nachhaltige Unternehmensmodelle und eine CO_2-arme Energieerzeugung, aber dafür müssen wir doch sicher nicht wieder zu Wollpullundern und Handpflügen zurückkehren?

Es sind also Veränderungen auf allen Ebenen notwendig – aber wir sollten die Zukunft mit offenen Armen empfangen, Neuerungen umsetzen und nicht den Rückwärtsgang einlegen!

Menschliche Arbeitskraft

Die Rückkehr des Menschen

Thomas Wallner

Irgendwie ist in Vergessenheit geraten, dass die Betriebswirtschaftslehre eine sozialwissenschaftliche Disziplin ist. Trotz aller Beteuerungen, dass es in der Wirtschaftswissenschaft eigentlich nur um den Menschen geht, haben wir die Natur des Menschen bisher kaum zur Kenntnis genommen – vor allem nicht in der Art und Weise, wie wir Arbeit organisieren. Jetzt, wo die Situation immer komplizierter wird und triviale Ansätze scheitern, könnte sich das ändern.

Menschliche Arbeit und menschliche Natur

Natürlich wurde Arbeit immer schon von Menschen verrichtet. Allerdings war sie nicht immer menschlich. Erwerbsarbeit und insbesondere Industriearbeit waren seit jeher mit Ausbeutung, Entfremdung und Unterdrückung konnotiert. Das lag – neben der realen wirtschaftlichen Not, in der sich die Arbeiterklasse meist befand – daran, dass Arbeit zum Großteil maschinenartig und von Maschinen dominiert war. Arbeit als solche besteht aus von außen gesteuerten, repetitiven Tätigkeiten auf der Grundlage von Arbeitsteilung. Sie ist spezialisiert, simplifiziert und standardisiert. Dieses als Taylorismus (nach Frederick Winslow Taylor) bezeichnete Organisationskonzept folgt einer hierarchischen Anweisungs- und Steuerungsstruktur. Denken und Gestalten sind von der Ausführung der Arbeit abgekoppelt. Der persönliche Beitrag des Arbeiters ist im Endprodukt kaum auszumachen, ja oft weiß der Arbeiter nicht einmal, was das Endprodukt ist.

Das ist die Natur der Arbeit wie sie mehr als ein Jahrhundert lang bis zum heutigen Tag größtenteils organisiert, beschrieben, dargestellt und auch kritisiert wurde. Und, so sagen viele, sie steht nicht im Einklang mit der Natur des Menschen. Das ist auch das vorherrschende Organisationsparadigma industrieller Unternehmen (und nicht nur dieser; tatsächlich bildet es die Grundlage der wissenschaftlichen Betriebsführung). Für kosteneffiziente Massenproduktion war das Taylorsche Modell extrem erfolgreich. Trotzdem bestand für die menschliche Arbeit in dieser deterministischen, kostenorientierten Welt stets die Gefahr, ersetzt zu werden. Zu langsam, zu fehleranfällig, zu unpräzise, zu unzuverlässig und vor allem zu teuer ist menschliche Arbeit, weswegen sie zum bevorzugten Ziel von Rationalisierungs- und Automatisierungsmaßnahmen wurde.

In den vergangenen Jahrzehnten haben wir jedoch eine Welt gesehen, die sich durch die Globalisierung, technologische Fortschritte und eine immer stärkere wirtschaftliche Vernetzung rapide verändert hat. Kurze Produktlebenszyklen, kundenindividualisierte Massenfertigung und Marktschwankungen auf der Angebots- wie der Nachfrageseite stellen im Hinblick auf Flexibilität, Resilienz und Innovativität hohe Anforderungen an Unternehmen. Das Umfeld, in dem wir heute leben und arbeiten, wird in der Regel mit den Worten *dynamisch, vielfältig, vernetzt* und vor allem *komplex* beschrieben. Nun ist Komplexität etwas, was man nicht mit deterministischen Mitteln angehen sollte. Folglich versuchen jene, die auf tayloristischen Pfaden wandeln, *Komplexität* zu reduzieren. Praktisch bedeutet dies, dass sie ein neues Modell mit weniger Optionen konstruieren. Das Problem dabei ist aber, dass man in einem unbeständigen, sich schnell verändernden Umfeld nicht auf Basis eines Sets von Standardreaktionen navigieren kann.

Was wir heute brauchen ist intelligente Entscheidungsfindung in Echtzeit, die sich nur auf schwache Signale stützen kann, aber an dynamischen und diffusen Zielsetzungen orientieren muss. Wir müssen Muster schnell erkennen und auf Grundlage weniger Informationen mit begrenzten Mitteln reagieren. Wir müssen uns permanent anpassen, was bedeutet, dass wir als Individuen und als Unternehmen ständig dazulernen. Und meistens müssen wir uns auch noch etwas Neues einfallen lassen. Wir benötigen diese Fähigkeiten auf allen Ebenen des Unternehmens, nicht nur in den Führungsetagen. Interessanterweise liegen genau hier die Stärken des Menschen. Menschen sind dafür geschaffen, mit komplexen Situationen umzugehen. Wir sind für den Dschungel gemacht. Nicht für den tayloristischen Zirkus. Wir sind nicht gut darin, ein und dieselbe triste Routine ständig und präzise wieder und wieder auszuführen.

Menschen sind offene, lebendige Systeme. Als solche sind wir zielgerichtet und selbstgesteuert; wir können lernen, uns anpassen, und Neues erschaffen. Wir können unter gleichbleibenden Bedingungen Mittel und Zwecke verändern, was nicht nur Ausdruck unseres freien Willens ist, sondern letztlich auch eine Voraussetzung für disruptive Innovation.

Intuition, intelligente Heuristiken, dynamische Selbststeuerung, sei es zur Verfolgung eigener Ideen oder zur Verwirklichung nur intentional beschriebener Vorgaben anderer, allein oder im Team – dies sind nur einige der Eigenschaften, die ein schnelles, flexibles und intelligentes Handeln aus einer ganzheitlichen Perspektive ermöglichen. Eine tayloristische Organisation kann da nicht mithalten.

Auswirkungen auf die Arbeitsorganisation

An der Fachhochschule Oberösterreich erforschen wir die Rolle menschlicher Aspekte in Liefernetzwerken. Im Rahmen unserer Forschungszusammenarbeit mit Fertigungsbetrieben haben wir ein zunehmendes Interesse an und eine steigende Nachfrage nach dieser verteilten „Shop-floor Intelligenz" festgestellt.

Einen speziellen Ansatz – und unseren Forschungsschwerpunkt – stellen dabei neue Formen der Arbeitsorganisation – im englischsprachigen Raum auch als „High Performance Work Systems" (HPWS) bezeichnet – dar. „High Performance Work Systems" bieten einen Rahmen für die Organisation von Arbeit, in dem eine effektive Selbstorganisation stattfinden kann. Sie umfassen bestimmte Managementpraktiken zur Organisation von Arbeit und des Unternehmens, beispielsweise autonome Teamarbeit, Arbeitsplatzrotation, flache hierarchische Strukturen, leistungsbezogene Gehälter oder Empowerment von Mitarbeitern. Sie legen ihren Schwerpunkt auf ständige Innovationsprozesse für Produkte und Dienstleistungen, indem sie die Kreativität, die Erfahrung und das implizite Wissen von Mitarbeitern auf allen Ebenen einbeziehen, was zu einer neuen Wertschätzung der menschlichen Arbeit führt. Es gibt umfangreiche empirische Nachweise für ihre Wirksamkeit in Bezug auf eine gesteigerte Produktivität, ein besseres Geschäftsergebnis oder eine höhere Agilität und Innovativität von Unternehmen. Deshalb gelten sie als ein wichtiger Ansatz für die Erzielung von Wettbewerbsvorteilen, die groß genug sind, um die Produktion trotz hoher Lohnkosten im Land halten zu können. Gleichzeitig führen diese Systeme zu höherer Arbeitszufriedenheit und zu einer Reduzierung der erlebten Arbeitsbelastung, zwei zusätzliche Aspekte, die in Zukunft immer wichtiger werden, wenn es darum geht neue Talente zu gewinnen.

In der Anerkennung der grundlegenden Eigenschaften der menschlichen Natur für die Gestaltung von Arbeit und Zusammenarbeit liegt großes, unerschlossenes Potential. „High Performance Work Systems" sind hierfür nur ein Beispiel unter vielen Ideen und Konzepten.

Ein neues Verständnis von Arbeit und Organisation zur Bewältigung des Unplanbaren

Fritz Böhle

In modernen Gesellschaften wird unter Arbeit eine rational geplante, ziel- und zweckgerichtete Tätigkeit verstanden. Auch wenn dies in der Praxis nicht immer eingelöst wird, ist es das Leitbild, an dem sich die Organisation von Arbeit und ihre Unterscheidung gegenüber anderen Tätigkeiten orientieren. In modernen Gesellschaften wird daher im Unterschied zur Antike und dem Mittelalter die geistige Tätigkeit nicht von der Arbeit unterschieden. Unterschieden werden vielmehr das Spiel, die Muse und teils auch das Künstlerische. Auch wenn Letzteres als Beruf und erwerbsmäßig ausgeführt wird, besteht der Verdacht, dass dies keine „richtige" Arbeit ist. Auch bei der Hausarbeit oder der Kindererziehung ist dies der Fall.

Doch die Entwicklungen von Arbeit zeigen noch ein anderes Bild: Auch wenn Arbeit in vielen Bereichen zunehmend zur Wissensarbeit wird, erweist sich ein planmäßig-rationales Handeln nur begrenzt tauglich und anwendbar. Gerade mit fortschreitender Technisierung und Organisation wird es zu einer wichtigen Aufgabe menschlicher Arbeit nicht nur zu planen und die Planung auszuführen, sondern vor allem auch Grenzen der Planung zu bewältigen: Komplexe technische Systeme und Organisationen, soziale Vernetzungen auf nationaler und internationaler Ebene, die Ausweitungen von Dienstleistungen im Kontakt zu Kunden und die Arbeit in Projekten führen dazu, dass Ungewissheiten und Unbestimmtheiten nicht ab-, sondern eher zunehmen und immer wieder – trotz großer Erfolge der Planung – neu entstehen. Im Besonderen trifft dies für Innovationen zu.

Die Organisation von Arbeit darf sich damit zukünftig nicht mehr nur am Leitbild eines planmäßig-rationalen Handelns orientieren. Sie muss gleichermaßen Arbeitsweisen und Kompetenzen berücksichtigen, die dazu befähigen, Handlungsfähigkeit bei Ungewissheit und Unbestimmtheit aufrechtzuerhalten und weiterzuentwickeln. In den Blick geraten damit ein entdeckend-exploratives Handeln, ein Improvisieren und Jonglieren mit nicht vollständig berechenbaren und beherrschbaren Gegebenheiten. Aus der Sicht des planmäßig-rationalen Handelns erscheint dies als mangelhaft und unprofessionell. Doch wie ein Blick auf die Musik oder die Artistik belehrt, erfordert ein solches Handeln ein hohes Können und nicht von ungefähr wird oft von einem besonderen Talent gesprochen, das hierfür notwendig erscheint. Untersuchungen in der Arbeitswelt bestätigen dies. Sie zeigen die besondere Systematik und Logik eines situativen „erfahrungsgeleiteten" Handelns für ein erfolgreiches Handeln nicht nur *trotz*, sondern *mit* Ungewissheit. Notwendig ist ein neues Verständnis von Arbeit im Sinne eines Sowohl-Als-Auch: sowohl „planmäßig-rational" als auch „situativ-erfahrungsgeleitet".

Dies erfordert auch ein neues Verständnis von Organisation. In der Geschichte industrieller Gesellschaften war das Bestreben einer weitmöglichsten planmäßigen „Naturbeherrschung" auf das Engste verbunden mit dem Bestreben auch die Arbeit und die Arbeitenden zu planen und zu „beherrschen". Eine Veränderung des Einen ist daher auch nicht ohne eine Veränderung des Anderen zu erreichen. Notwendig ist ein grundlegender Wandel in der Organisation und Kontrolle von Arbeit: Notwenig ist ein Wandel von der formalen Organisation zu einem selbst gesteuerten, informellen Organisieren und von der Kontrolle zur Entwicklung einer Vertrauenskultur.

Ein solcher Wandel von Arbeit und Organisation hat auch weitreichende Folgen für das Verständnis von beruflicher Bildung und Bildung insgesamt. Des Weiteren werden damit eingespielte Trennungen und Grenzen zwischen Ökonomie und anderen Tätigkeitsbereichen, wie insbesondere dem Künstlerischen, aufgeweicht.

Die Rückkehr der Gilden – Wiederherstellung des sozialen Gefüges unserer Gemeinschaften

Charlie Grantham

Gilden als Form der sozialen Organisation von Handwerkern kamen im Europa des 13. Jahrhunderts auf. Sie entstanden, um Facharbeitern soziale Unterstützung zu bieten, ihre Ausbeutung durch Wirtschaftskräfte zu verhindern und ihr „geheimes Wissen" zu schützen. Überall dort, wo sich Fachkönnen und Fachwissen akkumulierten, wurden diese Vereinigungen gegründet, um die Ausübung eines Handwerks zu bündeln und zu organisieren. Sie standen mit der Wirtschaft im Ganzen in Beziehung, da junge Menschen sich an die Gilden wandten, um ein Handwerk zu erlernen und Arbeit und – so ist anzunehmen – ein unterstützendes soziales Netzwerk – zu finden.

Industrialisierung und Kapitalismus ersetzten die Notwendigkeit von Gilden durch die parallel dazu verlaufende Entwicklung eines öffentlichen Bildungssystems, die Arbeitsspezialisierung und die Routinisierung von Arbeitstätigkeiten. Die Gilden verloren allmählich an Einfluss und verschwanden mit der Ausbreitung einer Philosophie des „Freihandels" und einer Wirtschaftstheorie des „Laissez faire" völlig.

Es gibt verschiedene Einflusskräfte, die den Weg zur Bündelung von Talent ebnen. Wir sind der Auffassung, dass vier dieser Kräfte eine Rückkehr der Gilden vorantreiben.

Das Versagen industrieller Einrichtungen

Die Einrichtungen, die der Menschheit im Industriezeitalter gute Dienste geleistet haben, haben ohne Zweifel das Ende ihrer Lebensdauer erreicht. So wie der Feudalismus mit der Aufklärung und das Königtum mit dem Aufkommen des modernen Nationalstaats verdrängt wurden, trifft dies auch auf den Industriekapitalismus, Stammesregierungen und unterstützende Einrichtungen zu.

Technologie beschleunigt Bildung und lebenslanges Lernen

Technologie, vor allem wenn sie unsere Art, miteinander zu *kommunizieren*, beeinflusst, wandelt unsere Wahrnehmung und unsere Erfahrung von *Zeit und Raum*. Dieser Wandel bringt wiederum einen Wandel unserer *mentalen Energie* (oder der Art und Weise, wie wir Dingen Beachtung schenken) mit sich, was schließlich zu einem Wandel *unseres Verhaltens* führt.

Suche nach einer vertrauten Gemeinschaft

Das zunehmende Aufkommen eines Bedürfnisses nach Gemeinschaft weltweit lässt sich kaum verleugnen. Gemeinschaft ist der soziale Klebstoff, der alles zusammenhält, Menschen Hoffnung gibt und ihnen in schwierigen Zeiten einen psychologischen Anker bietet.

Dezentralisierung der Macht

Wir behaupten, dass die politische Macht dabei ist, von extrem zentralistischen Strukturen auf ein lose verknüpftes Netzwerk aus Gemeinschaftsverbänden überzugehen. Im Mittelalter waren Regierung und Religion miteinander verflochten. All diesen Regulierungen und Kontrollen liegt ein Glaubenssystem zugrunde, das man anerkennt und teilt. Wenn sich Glaubensstrukturen ändern, greift dies irgendwann auch auf die Regierungsstruktur über. Und an dem Zeitpunkt der Geschichte der Menschheit, an dem wir uns gerade befinden, haben wir es wieder mit einem Wandel der Glaubensvorstellungen zu tun.

Die grundlegende Struktur des Arbeitsverhaltens befindet sich im Wandel. Unsere Gesellschaft bewegt sich (zumindest in der entwickelten Welt) weg von einem industriellen Modell und hin zu einem gemeinschaftsbasiertem Modell, das seltsamerweise unserer Art der Organisation vor der industriellen Revolution ähnelt. Im Mittelalter übten eigens organisierte Gruppen, die Gilden genannt wurden, Kontrolle über das wirtschaftliche Leben aus. Der wesentliche Zweck der Gilden war es, Monopole zu schaffen. Sie versuchten, sowohl Handelstreibende von außerhalb als auch unabhängige örtliche Handelstreibende, die keine Mitglieder der Gilde waren, weitestgehend vom heimischen Markt auszuschließen. Diese frühen Organisationen waren nur der Anfang. Wenn verschiedenartige flexible Arbeitsbedingungen sich in Zukunft noch weiter ausbreiten, brauchen wir sehr viel weitgehendere Mittel, um menschlichen Bedürfnissen zu begegnen.

Diese Gilden könnten ihren Mitgliedern eine sichere Heimat bieten, während sie von einer Arbeit zur nächsten ziehen. Sie könnten ihren Mitgliedern beispielsweise helfen, indem sie:
– ihre finanzielle Sicherheit gewährleisten,
– Praktika und Berufsausbildungen anbieten,
– zu einem Ort des sozialen Austauschs und der Identifikation werden.
Gilden scheinen für zwei Herausforderungen eine besonders vielversprechende Lösung zu bieten. Zum einen können Gilden durch das Anbieten von Versicherungen und Renten, Weiterbildungs- und Praktikumsprogrammen und den Zugang zu einem sozialen Milieu allen Arbeitskräften ermöglichen, von flexiblen Arbeitsverhältnissen zu profitieren, ohne hohe Risiken und nicht erstrebenswerte soziale Auswirkungen in Kauf nehmen zu müssen. Zum anderen können sie den Schwerpunkt auf das lebenslange Lernen ihrer Mitglieder legen und die Fähigkeiten von Arbeitskräften an verfügbare Gelegenheiten anpassen.

Die Rückkehr zu Gilden – Einige Auswirkungen

Dieser neue Ansatz verfügt über das Potential, die Vorzeichen, unter denen Diskussionen im Industriezeitalter geführt wurden, radikal zu verändern. Heute gehören Tarifverhandlungen zu den Hauptaufgaben vieler Gewerkschaften, und wir gehen in der Regel davon aus, dass die Interessen der Gewerkschaften und jene der Geschäftsführung einander widersprechen. In einer Welt flexibler Netzwerke aus Einmannbetrieben gäbe es oft keine feste zentrale Geschäftsführung, mit der man verhandeln könnte.

Eine Rückkehr zu Gilden als organisierende Institution für die Arbeitskräfte der Zukunft wird eine andere mittelalterliche Einrichtung mit sich bringen: die Wiederkehr des Eigentums des Einzelnen an den Produktionsmitteln. Mit der zunehmenden Massenproduktion von Technologie können Einzelpersonen es sich leisten, die schnellste, neueste und robusteste Ausstattung zu besitzen. Arbeitskräfte sind nicht mehr davon abhängig, dass Arbeitgeber ihnen die Werkzeuge, die sie zur Ausübung ihrer Arbeit benötigen, zur Verfügung stellen. Im

industriellen Modell haben Unternehmen Arbeitskräfte mit allem versorgt, was sie zur Ausübung ihrer Arbeit brauchten: Büros, Technologie und organisatorische Unterstützung – einschließlich medizinischer Versorgung, Renten und Ausbildung. All dies wird Arbeitskräften
jedoch von den Gilden angeboten werden.

Wenn unser Szenario Wirklichkeit wird, werden Unternehmen sich in der beneidenswer-
ten Lage befinden, die Verantwortung für die Versorgung mit Personalleistungen, technologischer Infrastruktur und Räumlichkeiten abzugeben. Die betrieblichen Ausgaben könnten für
30-40% der Arbeitskräfte um buchstäblich die Hälfte gekürzt werden. Wo liegen die Nachteile für Unternehmen, und was müssen sie tun, um der Lockerung ihrer sozialen Beziehungen
mit den Arbeitskräften entgegenzuwirken? Kurz gesagt, bedeutet dies ihr Ende. Die Lockerung der gemeinschaftlichen Beziehungen bedeutet einen zunehmenden Mangel an Bindung
zwischen Arbeitskräften und Unternehmen. Aus einer historischen Perspektive waren diese
Unternehmen dazu da, das Arbeitsvermögen und das Talent von Menschen zu finden, die
einen Mehrwert bei Innovationen, der Produktion und dem Vertrieb von Waren und Dienstleistungen schaffen. Es wird eine Form der menschlichen Organisation benötigt werden, die
diese Lücke ausfüllt: Gilden.

Arbeiten im lateinamerikanischen Jaguar: Die zentrale Rolle der Gewerkschaften

Patrizio Tonelli

In Chile stehen die Entwicklung und der Wandel der Arbeit mit einem klar definierten Phänomen im Zusammenhang der Prekarisierung und Schwächung der Möglichkeiten zum Arbeitskampf. Trotz eines positiven makroökonomischen Ergebnisses, das international Anerkennung erhalten hat, finden die Chilenen nur zeitlich begrenzt und unter prekären Bedingungen Arbeit, ohne wirklich die Möglichkeit zu bekommen, an dem Wohlstand, zu dem sie beitragen, teilzuhaben und auf Entscheidungen bezüglich ihrer Arbeitsbedingungen Einfluss zu nehmen. Die Zukunft der Arbeit sollte diese Verhältnisse idealerweise umkehren und den Schwerpunkt auf die Qualität der Arbeit legen. Dazu sollten wir unsere Aufmerksamkeit vor allem darauf richten, ein starkes System der industriellen Beziehungen aufzubauen, welches in der Lage ist, die Arbeit und ihre Voraussetzungen in den Mittelpunkt eines Produktionssystems zu stellen.

Arbeitsqualität: Der chilenische Arbeitsmarkt im Brennpunkt

Aufgrund seiner auf dem Kontinent einmaligen makroökonomischen Leistung wurde Chile als „lateinamerikanischer Jaguar" bezeichnet. Auf Grundlage einer Produktionsstruktur, die auf dem Abbau und Export von Rohstoffen und dem Ausbau des Gewerbes wie beispielsweise Supermärkten beruht, ist Chile in den letzten Jahren kräftig gewachsen und verzeichnet ein BIP von 15.000 US-Dollar pro Kopf und die höchste Produktivität der Region. Nicht zuletzt konnte die Regierung zwischen Januar 2010 und November 2011 die Schaffung von 576.000 Arbeitsplätzen verzeichnen, wodurch die Arbeitslosigkeit rapide auf unter 7% fiel. Diese Daten könnten den Leser darauf schließen lassen, dass der Arbeitsmarkt in Chile floriert und es ein Land der Schaffung von Arbeitsplätzen und der Selbstverwirklichung ist.

Die Wirklichkeit sieht jedoch ganz anders aus.

Die Fundación SOL (SOL-Stiftung) analysiert inzwischen seit einigen Jahren monatlich die Beschäftigungs- und Arbeitsmarktzahlen, die das chilenische nationale Amt für Statistik (INE) liefert. Die Ergebnisse zeigen eine Realität, die sich durch ein hohes Maß an Unsicherheit auszeichnet.

Die 576.000 neuen Arbeitsplätze lassen sich wie folgt aufgliedern:
- 49% der Arbeitsplätze sind auf Selbstständigkeit, Hausangestellte und Kleinstunternehmen (mit weniger als 5 Angestellten) zurückzuführen. Hier arbeitet ein großer Teil der Beschäftigten in Teilzeit und in geringqualifizierten Jobs. Selbstständige Fachkräfte und solide Unternehmen zählen nicht dazu.
- 51% der Arbeitsplätze entfallen auf Lohnarbeit (289.000 Menschen), die vor allem durch Outsourcing und Leiharbeit entsteht, was auf eine prekäre und unbeständige Beschäftigung hindeutet.

In diesem Zusammenhang hat die Fundación SOL einen „Arbeitsmarkteingliederungsindex" erstellt, der die chilenische Bevölkerung nach ihrer Beziehung zu und ihrer Integration in den Arbeitsmarkt einteilt. Anhand dieses Index erhalten wir drei konzentrische Ringe. Im Zentrum befindet sich der erste Ring der „starken Eingliederung" mit formalen, sicheren, dauerhaften und stabilen Beschäftigungsverhältnissen. Den zweiten Ring bildet die „durchschnittliche Eingliederung", die eine gewisse Arbeitsplatzsicherheit bietet. Der dritte Ring steht für eine „schwache Eingliederung" mit informellen, unsicheren und instabilen Arbeitsplätzen. Die Zahlen zeigen, dass zwischen Januar 2009 und November 2011 der erste Ring abgenommen und der dritte Ring als einziger zugenommen hat, und zwar aufgrund des vermehrten Vorkommens von „unterbeschäftigen Selbstständigen" (Menschen, die mehr Stunden arbeiten wollen aber keine Möglichkeit dafür finden). Ein weiterer interessanter Faktor, der auf den Prozess der Flexibilisierung und Prekarisierung hindeutet, ist die zunehmende Anzahl an Teilzeitarbeitsplätzen im ersten Ring.

Aus diesen Zahlen geht hervor, dass die chilenische Bevölkerung häufiger in unsicheren und schwachen Arbeitsverhältnissen lebt, wo beispielsweise niedrige Löhne die Norm sind: 76% der Lohnempfänger haben ein Nettoeinkommen von weniger als 350.000 CHP pro Monat, eine Summe, die in Chile nicht für einen angemessenen Lebensstandard ausreicht.

Dezentralisierte Tarifverhandlungen

Die Hauptursache für diese Situation wird in den Bedingungen für Gewerkschaften und Tarifverhandlungen gesehen, die Arbeitskräften eine aktive Beteiligung an der Schaffung von Qualitätsarbeitsplätzen ermöglichen. Chile hat einen niedrigen gewerkschaftlichen Organisationsgrad (13,9%) und eine extrem dezentralisierte Tarifverhandlungsstruktur, die nur auf Unternehmensebene existiert. Deshalb ist die tarifliche Deckungsrate in Chile sehr niedrig (11%), d.h. das lediglich 11 von 100 Arbeitnehmern ihre Arbeitsbedingungen verhandeln. Diese Situation weist auf einen reinen Unilateralismus und die fehlende Möglichkeit hin, sich an arbeitsbezogenen Entscheidungen zu beteiligen. Das Ergebnis ist ein unverhältnismäßiger Grad an Ungleichheit.

Gleichzeitig bestehen die einzigen Innovationen in den Unternehmen, die eine Beteiligung ermöglichen und zur Arbeitszufriedenheit beitragen, in Modellen, die von Personalmanagern als Anwerbestrategien im Sinne von „Glückliches Unternehmen" und „Glücksmanagement" ausgearbeitet werden. Durch das einseitige Austeilen von „emotionalen Löhnen", Preisen und individuellen Zusatzleistungen fördern sie die „Illusion" bessere Arbeitsplätze zu schaffen, aber behindern die Entfaltung von autonomen Arbeitsanforderungen und die Möglichkeit, Einfluss auf die Arbeitsbedingungen zu nehmen. Im Grunde ignorieren diese Modelle die Belege dafür, dass die Arbeit eine Kollektivsphäre ist, die auf selbstbestimmten kollektiven Interessen basiert. Auf diesem Aspekt sollte sich unsere Arbeitspolitik gründen.

Die Zukunft der Arbeit am Scheideweg

Chilenische Arbeitsbedingungen zeigen letztendlich, dass die Zukunft der Arbeit am Scheideweg steht. Wenn wir Arbeitsqualität fördern wollen, müssen wir die Möglichkeit von Arbeitskräften zur Führung von Tarifverhandlungen unterstützen und das Beziehungssystem zwischen den Tarifpartnern umgestalten, um Arbeitnehmern die Chance zu geben, ihre tatsächlichen Bedürfnisse und Potentiale darzustellen und zu bewerten. Auf diese Weise wird die Arbeit ihre ursprüngliche Bedeutung zur Selbstverwirklichung und Teilhabe am sozialen

Wohlstand zurückerlangen. Ansonsten wird sie sich vor allem durch Prekarisierung und Armut auszeichnen, durch die sie sich für einen Großteil der Bevölkerung zu einer Unterdrückungsmaschine entwickelt.

Psychische Gesundheit auf dem Arbeitsmarkt der Zukunft – eine Dystopie

Lena Hünefeld und Larissa Müller

Die dunkle Seite einer nicht so fernen Zukunft...

Die Menschheit wurde als schwaches Glied in der Kette des Produktionsprozesses ausgemacht. Ihre Emotionalität und damit einhergehende Anfälligkeit für psychische Krankheiten stellen eine große Gefahr für die Produktivität der Arbeitswelt dar. Deshalb haben Unternehmen beschlossen, Menschen durch Roboter und Maschinen zu ersetzen, wo immer dies im Arbeitsprozess möglich ist. Der Ausschluss von Menschen aus der Arbeitsumgebung führt zu sozialen Verhältnissen, die durch Arbeitslosigkeit und Kriminalität geprägt sind.

Bereits im Jahr 2012 wurde ein gewaltiger Anstieg an psychischen Erkrankungen verzeichnet; besonders Burnout stellte ein häufiges arbeitsbezogenes Risiko dar. Die zunehmende Globalisierung und Individualisierung stellte Unternehmen immer wieder vor die Herausforderung, innovative Ideen zu entwickeln, um dem internationalen Druck standzuhalten und wirtschaftlich erfolgreich zu sein. Das hatte weitreichende Folgen für die Arbeitsbedingungen der Arbeitnehmer: Zeitdruck, lange Arbeitszeiten, weniger Arbeitsplatzsicherheit, steigende Anforderungen an Flexibilität und Mobilität. Arbeitnehmer waren mit diesen Bedingungen zunehmend überfordert und fühlten sich gestresst. Das führte bei den Unternehmen wiederum zu steigenden finanziellen Verlusten durch hohe Fehlzeiten und häufige Personalwechsel aufgrund psychischer Erkrankungen.

Eine Dystopie

In den kommenden Jahren wird sich die Lage auf dem Arbeitsmarkt sichtbar zum Schlechteren wenden. Arbeitnehmer sind ihren Arbeitgebern 24 Stunden am Tag verpflichtet. Neben ihrer Anwesenheit am Arbeitsplatz wird permanente Erreichbarkeit und Mobilität verlangt. Dadurch werden Arbeitnehmer von ihrem sozialen Umfeld isoliert. Es gibt so gut wie keine Möglichkeit, den Stress in der Freizeit abzubauen. Darüber hinaus konkurrieren Arbeitnehmer am Arbeitsplatz nicht nur mit anderen Arbeitnehmern und der Produktivität, sondern auch mit Maschinen und Robotern. Jeder ist in Gefahr, durch eine andere Arbeitskraft oder eine Maschine ersetzt zu werden. Nur jene, die die geforderten Produktivitätsanforderungen aushalten, ohne einen emotionalen Preis zu zahlen oder eine psychische Erkrankung zu riskieren, können sich auf dem Arbeitsmarkt behaupten.

Im Zuge dieser Entwicklungen werden neben dem Burnout weitere psychische Krankheiten auftreten, und das Karoshi-Syndrom, der Tod durch Überarbeitung, das bis 2012 auf Japan beschränkt war, wird sich weltweit ausbreiten. Durch diese neuen Krankheiten werden Menschen nicht nur nicht mehr in der Lage sein, zu „funktionieren", sie werden nicht mehr in der Lage sein weiterzuleben. Überforderte Arbeitnehmer werden aus Verzweiflung Selbstmord begehen oder in Unternehmen Amok laufen und dabei weitere Menschenleben fordern.

Um Produktivitätseinbußen durch emotional überforderte oder psychisch kranke Mitarbeiter zu vermeiden und Amokläufe vorzubeugen, werden Unternehmen in regelmäßigen Abständen psychologische Gutachten ihrer Mitarbeiter erstellen lassen. Mitarbeiter erhalten nur dann Zugang zum Unternehmen oder behalten ihren Arbeitsplatz, wenn sie diese bestehen. Die psychische Belastbarkeit eines Mitarbeiters ist ein wichtiger Bestandteil der psychologischen Untersuchung. Diese Entwicklung wird dazu führen, dass die meisten Menschen von der Arbeitswelt ausgeschlossen werden. Die Gesellschaft wird sich damit in jene Menschen aufteilen, die für psychisch instabil erklärt werden, und in solche, die zu einer erlesenen, psychisch stabilen Elite gehören, die wiederum den Zugang zum Arbeitsmarkt kontrolliert. Das Gefühlsleben, und damit der menschliche Faktor, werden weitestmöglich aus der Arbeitswelt verbannt. Ein Großteil der Menschheit wird als unproduktiv stigmatisiert und dadurch zu einer Art Bürgerschaft zweiter Klasse herabgestuft. Dieser Bevölkerungsgruppe wird der Zugang zu gesetzlich zulässigen Weisen des Geldverdienens versagt, und sie werden um ihr Überleben kämpfen müssen.

Auswirkungen auf die Arbeitsgestaltung

Um die beschriebene Dystopie zu verhindern, müssen menschliche Individuen als wertvolle Ressource im Arbeitsprozess anerkannt werden und ihre Emotionalität und ihr kreatives Potential mehr Wertschätzung erfahren. Menschen und ihre Emotionalität können in der Arbeitswelt größtenteils nicht ersetzt werden; es sollte nicht das Ziel sein, sie auszuschließen. Emotionalität sollte bei der Arbeit als Stärke begriffen werden. Menschlichkeit ist im Bereich der Arbeit eine Quelle der Motivation und Identifikation. Die Fähigkeit, positive Emotionen mit der Arbeit zu verbinden, erhöht die Motivation und Zufriedenheit von Arbeitnehmern. Emotionen ermöglichen es ihnen, Arbeitssituationen kritisch zu analysieren und Kundenwünsche zu ermitteln. Die Arbeitsbedingungen spielen bei der Entwicklung positiver Emotionen in Verbindung mit der Arbeit eine große Rolle. Angestellte sollten selbstständig arbeiten dürfen und müssen die Möglichkeit erhalten, sinnvolle Arbeiten auszuführen, die sie herausfordern. Außerdem sollten Arbeitgeber ein gesundes Nebeneinander des Sozial- und Arbeitslebens von Arbeitnehmern fördern und sie beim Erreichen ihrer privaten und beruflichen Ziele unterstützen. Arbeitgeber sollten Kinderbetreuung anbieten und es ihren Mitarbeitern ermöglichen, ihre Arbeitszeiten flexibel zu gestalten.

Arbeitsprozesse sollten human sein und nicht an die Grenzen des psychisch Erträglichen gehen. Arbeitgeber sollten bei ihren Führungsentscheidungen vor allem das Wohlergehen ihrer Arbeitnehmer berücksichtigen, die Belastung ihrer Mitarbeiter reduzieren und strategische Freizeit und Erholung gewähren. Gesundheitsfördernde Maßnahmen können belastende Arbeitssituationen ausgleichen. Es ist ratsam, verstärkt Disability Manager einzusetzen. Ihre Aufgabe besteht darin, psychische Probleme bei Arbeitnehmern zu erkennen und der Unternehmensleitung individuelle Lösungen vorzuschlagen, damit ihre Mitarbeiter psychisch gesund bleiben. Die in der Dystopie erwähnten psychologischen Gutachten können stattdessen zum Wohl der Mitarbeiter eingesetzt werden. Regelmäßige Untersuchungen und ihre Ergebnisse könnten von Arbeitgebern genutzt werden, um ihren Arbeitnehmern Unterstützung anzubieten. Ebenso sollten Disability Manager Arbeitnehmer mit psychischen Erkrankungen stützen. Darüber hinaus sollte ein Kollegenprogramm eingeführt werden, dessen Schwerpunkt auf der gegenseitigen Unterstützung der Kollegen zur Förderung des psychischen Wohlbefindens liegt. Im Rahmen dieses Programmes würden Kollegen untereinander auf ungesunde Einstellungen anderer achten und über die Probleme sprechen, die sie in ihrem Verhalten beobachten. Eine bessere Verknüpfung des Bildungssystems mit der Arbeitswelt ist entscheidend, um zukünftige Arbeitnehmer optimal auf ihre Aufgabe vorzubereiten. Außerdem sollten Gewerkschaften, Aufsichtsbehörden und Betriebsräte im stärkeren Maße dafür sorgen, dass Unternehmen ihre Mitarbeiter nicht emotional ausbeuten.

Risiken und Nebenwirkungen wissensintensiver Arbeit

Frank Striewe und Markus G. Schwering

Vom Ende der „Universalressource" Partizipation als Belastungspuffer

Das Thema Arbeit im Wandel verweist zwar dominant auf die Zukunft der Arbeit, ist aber nicht ohne die Vergangenheit und Gegenwart zu denken. Die in der Epoche des Industriezeitalters diskutierte Frage: „Warum arbeiten die Arbeiter?" bleibt auch zukünftig aktuell. Kurt Lewin, einer der schärfsten Kritiker des Taylorismus hat schon früh eine dezidierte Meinung zur Rolle der Arbeit: „Arbeit ist unentbehrliche Voraussetzung zum Leben, aber sie ist noch nicht wirkliches Leben. (...) Wie man nicht lebt, um zu essen, sondern isst, um zu leben, so arbeitet man notgedrungen, um zu leben, aber man lebt nicht um zu arbeiten". Die Beantwortung der Frage nach Sinn und Notwendigkeit der Arbeit in Gegenwart und Zukunft ist insbesondere mit Bezug auf wissensintensive, hochgradig partizipative Arbeitsformen indes komplexer.

Aus arbeitspsychologischer Sicht gilt Partizipation seit langem als Kernelement einer persönlichkeitsförderlichen und humanen Arbeitsgestaltung. Inzwischen deuten empirische Befunde jedoch auf eine Reihe von Problemen hin, die insbesondere für Beschäftigte in wissensintensiven Arbeitsformen mit einem hohen Partizipationsgrad einhergehen. Wir lesen daraus das Ende der „Universalressource" Partizipation als Belastungspuffer und wagen einen Ausblick auf die Konsequenzen für die Arbeitsorganisation und -gestaltung in zukunftsfähigen Organisationen.

Partizipation und Belastung neu denken

Die Nutzung des Wissens und die Aktivierung des Lernpotenzials von Beschäftigten gelten gemeinhin als Schlüssel zur Sicherung dauerhafter Wettbewerbsvorteile von Unternehmen. Vor diesem Hintergrund rücken partizipative Gestaltungsüberlegungen stärker in den Mittelpunkt arbeitswissenschaftlicher Untersuchungen. Während über die positiven Effekte partizipativer Arbeitsformen mittlerweile in Wissenschaft und Praxis zumindest programmatisch Konsens besteht, werden die Auswirkungen eines partizipativen Managements in wissensintensiven Arbeitsformen für die Beschäftigten erst seit einiger Zeit sehr vereinzelt thematisiert. Die Debatte um die Risiken und Nebenwirkungen wissensintensiver Arbeit wird in der arbeitswissenschaftlichen Forschung inzwischen unter Schlagworten wie „Entgrenzung", „Subjektivierung von Arbeit" und „Work-Life-Balance" geführt.

Für den Zusammenhang von Partizipation und Belastung in wissensintensiven Arbeitsformen ist dabei deutlich geworden, dass Partizipation als Belastungspuffer seine – aus dem Industriezeitalter zugeschriebene und bis heute gefestigte Bedeutung – einbüßt. Empirische Einzelbefunde stützen die Annahmen neuerer handlungsregulatorischer Konzepte, wonach Partizipation in wissensintensiven Arbeitsformen weder als Puffer gegen Belastungen noch zur Entlastung selbst beiträgt. Vielmehr läuft der einzelne Beschäftigte, der mit weitreichenden Partizipationsspielräumen ausgestattet, wird Gefahr, sich durch die intensivierten Arbeitsanstrengungen aufzureiben und in häufig widersprüchlichen und entwicklungsoffenen Arbeitsanforderungen zu verzetteln. Zwar mag daraus resultieren, dass sich die subjektiv-arbeitsweltlichen Anforderungen und Bedürfnisse der Beschäftigten in wissensintensiven Arbeitsformen offenbar leichter realisieren lassen, doch gleichzeitig lässt sich eine Verschiebung in dem Verhältnis von Erwerbs- und Privatleben beobachten. Dies scheint bei vielen auf Kosten der subjektiv-lebensweltlichen Anforderungen und Bedürfnisse zu geschehen.

Diese negativen Auswirkungen werden von vielen Unternehmen noch immer tabuisiert. Leidet beispielsweise ein Mitarbeiter an Burnout, werden mangelnde psychische Belastbarkeit, Inkompetenz oder schlechte Führungskompetenzen als Ursache der Erkrankung angesehen. Wenn Unternehmen und/oder die verantwortlichen Führungskräfte auf diese Entwicklungen reagieren, dann meist nur mit der Einführung von verhaltensbezogenen Maßnahmen wie Belastungstraining, Übungen zum Zeitmanagement, Ausbildungsprogrammen für Führungskräfte, usw. Diese Maßnahmen werden außerdem erst dann eingeführt, wenn die Folgen schädigenden Verhaltens die situative Wahrnehmung und Beurteilung bereits beeinflusst haben. Ein solcher Ansatz geht von der Annahme aus, dass bestimmte Persönlichkeitsmerkmale für den Gesundheitszustand einer Person verantwortlich sind.

Viele Unternehmen begreifen die Schaffung eines angemessenen strukturellen und situativen Rahmens und die Bereitstellung von Hilfsmitteln für Mitarbeiter im Rahmen der Arbeit noch immer nicht als ihre Aufgabe. Eine Folge der zukünftigen Arbeitsorganisation ist: die Beschränkung der Entgrenzung.

Arbeitsgestaltung jenseits negativer Belastung

In Zukunft wird es dominant darum gehen, Fehlbeanspruchungen der Beschäftigten zu vermeiden und neben der Bereitstellung verhaltensorientierter Maßnahmen vor allem Arbeitsverhältnisse zu schaffen, die es auch ermöglichen, sich gesund zu verhalten. Die Konsequenz daraus muss lauten, das betriebliche Engagement nicht auf „Selbstmanagement-Kurse" oder „Stressbewältigungs-Programme" – also auf den Einsatz von verhaltensorientierten Instrumenten – zu reduzieren, sondern vielmehr die Entwicklung übergeordneter Rahmenbedingungen von Arbeit (z.B. sozialverträgliche Arbeitszeiten, betriebliche Leitlinien zum Thema Überstunden, Beeinflussung betrieblicher Kulturen in Bezug auf Selbstverständnis und Arbeitsethik) zu fokussieren. Weiterhin müssen die bereits erfolgten Anstrengungen zur faktischen Ermöglichung einer Vereinbarkeit von Erwerbs- und Privatleben weiter ausgebaut werden.

Bei der Gestaltung wissensintensiver Arbeitsformen kann es nicht länger ausschließlich um die Erweiterung von Entscheidungs- und Handlungsspielräumen gehen. Vielmehr sollte das Gegenteil fokussiert werden: Auf die Begrenzung der für viele Beschäftigte verfügbaren Freiheitsgrade durch institutionell verankerte Formen der Selbstorganisation und -regulation, damit Risiken und Nebenwirkungen wissensintensiver Arbeit in Zukunft vermieden werden können.

Kollektive Kompetenz

Die Zukunft der Arbeit neu durchdenken – Einige Überlegungen

Leif Edvinsson

In einem Szenario aus dem Jahr 1982 beschrieb Peter Russel die Weltbeziehungen als globales Gehirn aus Knotenpunkten. Diese Beschreibung ist heute, da die Wissensarbeit durch Netzwerke immer stärker global eingebunden ist, vielleicht noch zutreffender. Man sehe sich nur die rasante Ausbreitung von Facebook an, das heute rund 700 Millionen Nutzer zählt. Im Jahr 2015 werden schätzungsweise 5 Milliarden Gehirne über Breitband miteinander verbunden sein. Wie wird sich dies auf die Zukunft der Arbeit auswirken?

Kürzlich präsentierte der Vorstandsvorsitzende von Ericsson auf der CES 2012 in Las Vegas eine intelligente Baumstruktur auf Basis elektronischer Sensoren mit kleinen 4G-Schnellübertragungschips, die über mobile Breitbandstationen miteinander verbunden sind. Er erklärte, wie das Unternehmen in den Bau der globalen Breitband-Infrastruktur und sogenannte vernetzte Gesellschaften investiert hatte. Er fuhr fort, die enormen jährlichen Investitionen in die Forschung und Entwicklung würden vom Aktienmarkt wenig geschätzt, obwohl sie zu einer gewaltigen nachhaltige Einnahmen schaffenden Infrastruktur in der exponentiell wachsenden digitalen Zukunft beitrügen. Die heutige Zahl von einer Milliarde Breitbandnutzern wird Schätzungen zufolge in weniger als fünf Jahren auf fünf Milliarden steigen. Ericssons Forschung ergab, dass ein Wachstum von 10% im Bereich Breitband das BIP um 1% wachsen lässt und durch 1000 neue Breitbandanschlüsse 80 neue Arbeitsplätze im Netzwerkbereich geschaffen werden. Es werden neue Strukturen entstehen, in denen die Wertschöpfung oder Arbeit jenseits alter Unternehmen und Einrichtungen in der vernetzten Innovationsgesellschaft stattfindet. In den meisten Ländern Afrikas haben 80% der Bevölkerung Zugang zu Mobiltelefonen, aber nur 25% zu herkömmlichen Banken. Es werden deshalb neue Hybridformen wie das Telebanking entstehen.

Gesinnungs- und Wertewandel

Die Zukunft der Arbeit hängt von unserer Fähigkeit ab, unser Denken zu verändern. Wir werden uns an den Gedanken gewöhnen müssen, mit einem „mentalen" Werkzeugkasten zu arbeiten und Gehirne untereinander zu verknüpfen, um zu einem besseren Verständnis dieses aufkommenden integrierten Denksystems zu gelangen. Wir müssen lernen, in neuen Bahnen zu denken und ein anderes Bewusstsein basierend auf Konnektivität, Komplexität und Kontaktivität zu entwickeln. Wir werden neue Aufgabengebiete für diese weiterentwickelte Wahrnehmung und neue Schulungsprogramme für non-lineare, interaktive Funktionen benötigen. Robert Reich betonte einmal die wichtige Rolle von Symbolanalytikern, einer Art Wissensnavigator. Hierfür muss man vielleicht genauer verstehen, was intellektuelles Kapital ist. Das intellektuelle Kapital wird durch die weltweite Nutzung von Unternehmenskapital und grenzenlosem Beziehungskapital erweitert. Hierbei kommen teilweise neue Auftragsvergabemodelle

zum Einsatz, die der Wertschöpfung dienen. Man sehe sich nur an, wie Apple individuellen Erfindern zum Durchbruch verhilft und ihre Produkte durch seine App Stores vertreibt,
wodurch sich deren Umfang, die Umsätze und der finanzielle Wert rapide vervielfachen.

Es wird ein Wertewandel zugunsten eines wirksameren und effizienteren Zusammenspiels
von Gemeinschaft und Individuum stattfinden, um Platz für das Potential zukünftiger Generationen zu machen, beispielsweise unter Beteiligung aktiver Freiwilliger und neuer Nichtregie-
rungsorganisationen in Form von sozialem Unternehmertum, Gemeinschaftsbanken, schöp-
ferischem Gemeingut und Pentahelix-Systemen, die über das einfache Dreifachhelix-Modell
hinausgehen. In einigen Gesellschaften wird die Geschlechterfrage sehr transformativ sein.
Das lässt sich beispielsweise am Erfolg der Mikrokredite der Grameen Bank oder dem sogenannten Hand in Hand-Programm mit inzwischen 700.000 von Frauen gegründeten KMU
beobachten. Diese beiden bekannten Fälle aus Asien sind Beispiele für das Einbeziehen der
Talente von Frauen zur Erzeugung von Wohlstand in Entwicklungsländern. Die Zukunft der
Arbeit wird Wege finden müssen, um das Talent von Frauen zugunsten neuer Formen des
sozialen und gesellschaftlichen Unternehmertums einzusetzen, um nur einige Beispiele zu
nennen.

Die Zukunft kollaborativer und offener Innovation

Gibt es vielleicht noch ein anderes Ökosystem, das dem eines lebendigen Organismus
gleicht? Wie sieht das Nervensystem unserer Zivilisation aus? Menschliche Zellen werden
mit der Menschheit verknüpft, und es entsteht in einer geistigen Evolution ein neues Bewusstsein, in dem sich Wissen ähnlich wie der Algorithmus von Google Translate manifestiert.
Laut Peter Russel bilden rund 10 Milliarden Atome die kritische Masse für einen evolutio-
nären Schritt zur nächsten Stufe. Die menschliche Bevölkerung kommt dieser Zahl immer
näher, ebenso wie die Anzahl von Digitalgeräten. Diese Verflechtung hat auch zunehmend
sogenannte „offene Innovationen" hervorgebracht. Das Unternehmertum und die institutio-
nalisierte Arbeit werden hinterfragt. Um es akademischer auszudrücken: Es ist entscheidend,
institutionelle Fehler und Bürokratie durch die Entwicklung organisatorischer Innovationen
zu vermeiden, beispielsweise durch Geschäftsmodellinnovation. Dies geht oft mit einem neu-
en und erfrischenden Ökosystem Hand in Hand, das sich durch Wissensaustausch, die Einbeziehung interdisziplinärer Perspektiven und Erkenntnisse und die gegenseitige Befruch-
tung durch Kompetenz und Fachwissen auszeichnet. Cloud Computing und soziale Medien
werden in diesem neuen gesellschaftlichen Gefüge eine größere und einflussreichere Rolle
spielen. Man denke nur an den Arabischen Frühling.

Wir stehen erst am Anfang, nicht nur in Europa, sondern weltweit. Wo findet sich also
das am innovativsten gestaltete System, nicht allein für unternehmerische Innovation, sondern auch für Innovationen zur urbanen Erneuerung, politischen Erneuerung, Währungser-
neuerung, Jugendbeteiligung und sozialen Sicherheit? Die OISPG (Open Innovation Strategy
and Policy Group) hat bei vielen Perspektiven, Initiativen und Berichten zur Forschung im
Bereich der offenen Innovation Pionierarbeit geleistet, um Informationsarbeit zu leisten und
Musterprojekte anzuregen. Wir brauchen Räume, die ein sicheres Umfeld für den Austausch
und die Entwicklung von Modellen bieten, so wie die steigende Anzahl an Future Centres,
die Skandia einst ins Leben gerufen hat und die inzwischen Namen wie Mindlab, Dialogue
House, Multiversity und Living Labs tragen.

Die Ausblicke und Einblicke in diese sich entwickelnden Signale für einen schnellen kollektiven Lernprozess gehören vielleicht zu den wichtigsten Perspektiven und Themen der

Vision und der Agenda 2020 für ein innovatives Europa. Die Gefahr liegt darin, aufgrund von Unwissenheit kontinuierliche Erneuerungen nicht zu erkennen, nicht zu verstehen und nicht danach zu handeln. Durch die zunehmenden Probleme institutionellen Versagens wird die sich entwickelnde Kraft des digitalen Arbeitsplatzes frische, neue Chancen bieten. Wir können bereits beobachten, wie IT-Indikatoren und Gesundheitsindikatoren mit der Zeit mit dem Wachstum des intellektuellen Kapitals und des gesellschaftlichen Wohlstands korrelieren. Wie schnell werden etablierte Institutionen und Unternehmen, öffentliche wie private, aktiv auf solche Herausforderungen reagieren können?

Angewandte Kompetenz – Projektbasierte Kompetenznetzwerke zur Arbeitsorganisation

Christina Öberg

Um organisatorische Flexibilität zu schaffen und den Schwerpunkt auf angewandte Kompetenz zu legen, möchte dieses Kapitel projektbasierte Kompetenznetzwerke als eine Möglichkeit für die Arbeitsorganisation vorschlagen. Die *projektbasierte* Organisation zeichnet sich durch ihre zeitliche Begrenztheit aus: Sie besteht, während sie ein Ergebnis erarbeitet, und löst sich nach Abschluss des Projekts auf. Der Schwerpunkt auf *Kompetenzen* beschreibt, wie Individuen durch ihre sich ergänzenden Fähigkeiten zum Projekt beitragen. Das *Netzwerk* als organisatorische Einheit unterstreicht, dass die Kompetenzen möglicherweise nicht zu ein und demselben Unternehmen gehören. Projektbasierte Kompetenznetzwerke sind durch innovative Unternehmen (Open Source-Software und Crowdsourcing), Bauunternehmen und Werbe-/Web-Agenturen inspiriert.

Der Bedarf an projektbasierten Kompetenznetzwerken

Im Arbeitsumfeld der Zukunft wird Arbeit aufgrund ihres Schwerpunkts auf kontinuierlichen Veränderungen und der Zielsetzung, den Verwaltungsaufwand auf ein Minimum zu beschränken, auf andere Weise organisiert werden müssen. Die einfallsreiche Nutzung individueller Fähigkeiten zeichnet projektbasierte Kompetenznetzwerke ebenso aus wie die Notwendigkeit, Flexibilität mit der effizienten Nutzung von Kompetenzen zu kombinieren.

In der Forschung zu Netzwerken, strategischen Bündnissen oder Joint Ventures trat das Netzwerk als organisatorische Einheit zunehmend in den Mittelpunkt. Anstatt sich auf das Unternehmen als Anbieter zu beziehen, besteht das Netz aus einer Gruppe von Unternehmen, die sich an einem gemeinsamen Ziel beteiligen und ein gemeinsames Ergebnis an den Kunden liefern. Diese Netzwerke bestehen im Grunde aus einer ausgewiesenen Gruppe von Unternehmen. Zwischen den Unternehmen bestehende Verträge weisen darauf hin, dass sie eine stabile Einheit bilden. Die Netzwerke können jedoch durchaus zeitlich begrenzt existieren (beispielsweise auf Baustellen) und den Schwerpunkt auf Individuen als mitwirkende Einheit anstelle des Unternehmens legen (wie bei Open Source-Software und Crowdsourcing). In seiner reinsten Form besteht das projektbasierte Kompetenznetzwerk aus Einzelpersonen, die über sich ergänzende Kenntnisse und Fähigkeiten verfügen. Ihre Kompetenzen müssen gebündelt werden, um dem Kunden ein Angebot zu unterbreiten. Mitwirkende Einzelpersonen werden nicht Teil eines Unternehmens, sondern arbeiten auf freiwilliger Basis oder erhalten einen Zeitvertrag über festgelegte oder gemeinsam definierte Aufgaben.

Dadurch wird die angewandte Kompetenz betont, d.h. die Art der Organisation des Netzwerkes, in der die Individuen, die ihre Kompetenzen beisteuern, dieselben sind, die auch daran teilhaben. Angewandte Kompetenz betont außerdem, dass die Individuen in dem Bereich arbeiten, in dem sie über die besten Fähigkeiten verfügten, und das Netzwerk die Nutzung ihrer Kompetenzen optimiert und ihren Arbeitsaufwand in anderen Bereich minimiert. Durch die mitwirkenden Individuen wird Wissen angesammelt und in andere Projekte überführt, wenn sie sich neuen Projekten zuwenden. Die Einzelpersonen arbeiten auf selbstständiger Basis und werden durch ihre persönliche Entwicklung, die Höhe ihres Einkommens und die Gelegenheit motiviert, mit anderen Beteiligten am Projekt zusammenzuarbeiten, die wiederum ihr Wissen erweitern und zur Weiterentwicklung ihrer Kompetenzen beitragen.

Vorteile und Hindernisse

Wo liegen die Vorteile projektbasierter Kompetenznetzwerke? Die Einsatzmöglichkeiten lassen sich in organisatorische und kundenbezogene (Angebots-) Bereiche unterteilen. Die Arbeitsorganisation ermöglicht es Individuen, ihre Unabhängigkeit zu wahren, auf Grundlage ihrer Interessen zu arbeiten (Aspekte, die für zukünftige Generationen als zentral beschrieben wurden) und dabei gleichzeitig untereinander auf das Wissen der anderen zurückgreifen zu können. Das Modell reduziert die Pufferzeit zwischen Projekten und den Verwaltungsaufwand auf ein Minimum. Jedes Projekt verfügt zudem über das Potential, jene Kompetenzen anzuwerben, die am besten zu der konkreten Aufgabe passen, und Individuen aus einer beliebig großen Gruppe auszuwählen, nicht nur unter den Mitarbeitern eines bestimmten Unternehmens. Da laufend neue Projekte mit einer neuen Zusammensetzung von Teilnehmern gebildet werden, werden sich die Ergebnisse durch Neuartigkeit auszeichnen anstatt durch Wiederholung. Wie zu erwarten ist, führen die Beteiligung von Personen mit unterschiedlichem Hintergrund und die Projektbasis ihrer Zusammenarbeit zu einer gesteigerten Kreativität. Für Kunden bedeutet diese Art und Weise der Arbeitsorganisation, dass kundenspezifische Produkte und Dienstleistungen entstehen. Kunden können sich auch als freiwillige Projektbeteiligte einbringen, um Einfluss auf das Ergebnis auszuüben.

Das größte Hindernis – das jedoch eine Chance in sich bergen könnte – ist der Wissenstransfer. Die Netzwerke ermöglichen den Wissenstransfer zwischen Projekten abhängig davon, wie sich mitwirkende Individuen an neuen Projekten beteiligen. Das Wissen liegt jedoch bei Einzelpersonen, nicht bei einer organisatorischen Einheit. Um auf Vorwissen aufbauen zu können, müssen Projekte Individuen anziehen, die über dieses Wissen verfügen. Dazu muss eine gegenseitige Affinität zwischen Individuen und Projekten bestehen, um die Teilnahme erstrebenswert zu machen. Die Bemühungen müssen sich darauf konzentrieren, das Projekt bei den richtigen Teilnehmern zu vermarkten.

Auswirkungen auf die Arbeitsgestaltung

Das projektbasierte Kompetenznetzwerk hat zweifellos größeres Potential für Unternehmen, deren Kunden jedes Mal ein konkretes Angebot benötigen. Die Netzwerke haben auch dann mehr Relevanz, wenn Beteiligte ein Ergebnis auf Basis ihrer Kompetenzen erstellen anstatt eines Ergebnisses auf Basis von Ausstattung und Arbeitsstunden, das einen geringen Grad an Flexibilität und Kreativität aufweist. Innovationen und Kreativarbeit, wie sie in der Werbe- und Architekturbranche und in Hightech-Unternehmen stattfinden, gehören zu der Zielgruppe, die am meisten von dieser Form der Arbeitsorganisation profitiert. Das projektbasierte Kompetenznetzwerk könnte jedoch auch neue Arten der Unternehmensorganisation bei Unternehmensberatungen, Baufirmen und Forschungs- und Entwicklungsabteilungen anregen. Tatsächlich kann jedes Unternehmen, das neue Ideen oder spezifische Lösungen benötigt oder individuelle Kompetenzen hervorbringt, diese Art der Arbeitsorganisation in Betracht ziehen.

Die Vorteile des projektbasierten Kompetenznetzwerks liegen in der Flexibilität, in der Einbeziehung speziell zugeschnittener projektspezifischer Kompetenzen und in seiner Vielseitigkeit. Die Kompetenzen sollten in Anbetracht der Tatsache, dass größere Unterschiede immer mehr Schwierigkeiten für das gegenseitige Verstehen und die Zusammenarbeit bedeuten, jedoch nicht zu unterschiedlich sein. Es muss ein Gleichgewicht zwischen der Komplementarität und der Fähigkeit von Kompetenzen, einen Beitrag zum Projekt zu leisten, gefunden werden. Außerdem ist es wichtig, das Engagement der Beteiligten zu sichern. Auch wenn schriftliche Projektverträge vorliegen, müssen die Beteiligten ihre persönlichen Vorteile sehen und sich für die gemeinsamen Ziele engagieren. Ein solches Engagement wird beispielsweise durch interessante Aufgaben und die Einbeziehung von Individuen mit interessanten Kenntnissen und Fähigkeiten erreicht.

Gedanken zur großen innovativen Fachgemeinschaft

Gabriele Hoeborn und Jennifer Bredtmann

Bisher hatte die deutsche Wirtschaft ihren Erfolg vor allem der innovativen Arbeit hochqualifizierter Fachkräfte zu verdanken, während die Fertigung einfacher Produkte aus Gründen der Effizienz in Länder mit niedrigen Fertigungskosten ausgelagert wurde. Bis vor kurzem wurden hoch qualifizierte Mitarbeiter wie Ingenieure und Facharbeiter mit einer großzügigen Rente in den Vorruhestand geschickt und durch jüngere Mitarbeiter ersetzt. Inzwischen sind Tausende fachlich versierte und kenntnisreiche Experten, beispielsweise in der Produktentwicklung, nicht mehr berufstätig. Gleichzeitig werden zahlreiche Studien zu den Kenntnissen und Fähigkeiten älterer Mitarbeiter durchgeführt. Es stellt sich heraus, dass ältere Fachkräfte daran interessiert und dazu bereit sind, an Veränderungen teilzuhaben, eine Tatsache, die auf die Aufgeschlossenheit dem Lernen gegenüber hinweist, die keine Alters- oder Zeitgrenzen kennt. Es versteht sich von selbst, dass die Ausgrenzung oder Diskriminierung älterer Arbeitnehmer keine Berechtigung hat. Es muss eine Weiterbildungskultur geschaffen werden, die verschiedene altersspezifische Lernfähigkeiten und andere Aspekte berücksichtigt und unterstützt.

Ein erster Ansatz für eine Lösung

Der Druck der extrem wettbewerbsorientierten globalisierten Wirtschaft zum lebenslangen Lernen, zum selbstorganisierten Lernen oder sogar zum Selbstlernen ist sicherlich ein Faktor, der Weiterbildung in allen innovativen Unternehmen notwendig macht. Angesichts dieser Tatsache ist es wichtig, die notwendigen Rahmenbedingungen zu schaffen, um den individuellen Lernbedürfnissen jedes Mitarbeiters entgegenzukommen. Ein Modell, das insbesondere das Selbstlernen unterstützt, kann verwendet werden, um eine bestimmte Zielgruppe zu schulen. Teilnehmende ältere Mitarbeiter fühlen sich so auf der einen Seite wertgeschätzt, während auf der anderen Seite ihre Art des Lernens berücksichtigt wird.

Selbstorganisiertes Lernen kann durch sogenannte Serious Games erfolgen. Im Vergleich zu anderen Lernprogrammen tragen die Lerner bei Serious Games selbst Verantwortung. Die Voraussetzung für diese Spiele bildet die Aufgeschlossenheit des Lerners zum Lernen. Dadurch, dass sie individuell gespielt werden, geben diese Spiele Lernern Selbstvertrauen. Da die Spiele anpassbar sind, können sie sich auf Zukunftsszenarien beziehen. Der Lerner nimmt die Inhalte des Serious Games auf individuelle Weise auf. Die persönliche Erfahrung der Autorinnen bestätigt die Verwendung von Serious Games als angemessenes und wirksames Instrument.

Eine ganzheitliche Perspektive auf die Weiterbildung muss ihren Schwerpunkt auf individuelle Kenntnisse und Fähigkeiten sowie individuelle Lernstrategien legen. Verfahren und Methoden müssen angepasst werden, um verschiedenen Bedürfnissen gerecht zu werden. Weiterbildung muss anthropozentrisch sein. Vermittlung und Selbstlernen miteinander zu kombinieren, beispielsweise durch die Verwendung von Serious Games, um Lernkonflikte zu reduzieren und die Motivation zum Selbstlernen zu steigern, ist ein recht neuer Ansatz, und es liegen bisher nur wenige Ergebnisse für diese Zielgruppe vor.

Auch aus gesellschaftlicher Sicht birgt dieser Ansatz Potential. Die Möglichkeiten älterer, hochqualifizierter Fachkräfte, an Weiterbildungsangeboten eines Unternehmens teilzunehmen, stärkt die Wettbewerbsfähigkeit von Unternehmen und öffnet ihnen den Weg zum Weltmarkt. Außerdem wird ihre Beschäftigung gesichert und die Arbeitsbedingungen für ältere Fachkräfte, die beim Unternehmen bleiben, werden verbessert. Dadurch werden Veränderungen in Gang gesetzt. Wenn ein Mangel an hochqualifizierten Fachkräften besteht, sind die Zufriedenheit und Identifizierung mit der Arbeit wichtige Aspekte, um Innovation, Leistungs- und Wettbewerbsfähigkeit zu gewährleisten.

Die Fachgemeinschaft und ihre Entwicklung zu einem einheitlichen Ganzen

Die Rolle und Position älterer Mitarbeiter zeichnet sich durch Ausgrenzung und das weitgehende Ignorieren ihrer Erfahrungen und Kenntnisse aus. Diese Art der Altersdiskriminierung darf keinen Bestand haben. Möglicherweise darf eine innovative Fachgemeinde nicht mehr nur eine zukunftsfähige Vision sein; sie muss als zentrales und entscheidendes Ziel definiert werden. Es gibt vier Aspekte, die ein Unternehmen bei seiner Entwicklung zu einer solchen Gemeinschaft angehen muss. Erstens müssen Unternehmen *Freiheit zur Kreativität* schaffen; dazu gehören Zeit, Räumlichkeiten und das benötigte Material. Der Zeit sind aus ökonomischen Gründen Grenzen gesetzt, aber es muss Flexibilität geben, die Kreativität zulässt. Einige Unternehmen haben versucht, vergleichbare Modelle umzusetzen, aber die kreative Gemeinschaft muss alle Mitarbeiter gleichermaßen einbeziehen. Zweitens benötigt Kreativität, wie jeder gegenseitige Entwicklungsprozess, offene und *kritische Diskussionen*. Uneinigkeit ist dabei ein Muss. Eine Kultur kritischer Diskussionen muss als Bestandteil der Unternehmensphilosophie und Unternehmenskultur umgesetzt werden. Deshalb muss drittens den formalen und nichtformalen Fähigkeiten und Talenten der Mitarbeiter nachgekommen werden, um *langfristige Bildungsperspektiven* zu realisieren. Das Unternehmen könnte eine Datenbank mit diesen Informationen anlegen, und ein Ausschuss könnte Anforderungen und die aktuellen Fähigkeiten von Mitarbeitern ermitteln. Viertens sollte die *ökonomische Bewertung* eines Unternehmens nicht nur sein Kapital berücksichtigen, sondern auch die Kenntnisse und Fähigkeiten seiner Mitarbeiter. Dazu sollten auch nichtformale Fähigkeiten zählen.

Ein Unternehmen, das auf diese Weise verfährt, kann erfolgreich Weiterbildung anbieten und lebenslanges Lernen fördern. Alle Bildungsmaßnahmen müssen in die täglichen Arbeitsprozesse integriert sein, um Nachhaltigkeit zu gewährleisten. Als selbstverantwortliche Mitglieder ihrer Gemeinschaft können Mitarbeiter entscheiden, welche Weiterbildungsmodule sie wählen, und wann und wie sie diese absolvieren wollen. Sie brauchen flexible Instrumente, die von Zeit und Ort sowie den persönlichen Verhältnissen und Umständen des Nutzers unabhängig sind.

Wenn das Potential und das Talent aller Mitarbeiter ausgeschöpft wird, indem jeder in die Gemeinschaft integriert wird und die Bedürfnisse aller Mitarbeiter berücksichtigt werden, entsteht ein Unternehmen, das gute Leistung bringt, alle Mitglieder seiner Gemeinschaft einbezieht und Zielgruppen verschiedene Formen der Weiterbildung für ein lebenslanges Lernen bietet.

Die Verschmelzung von Arbeit und Lernen in wandlungsfähigen Unternehmen

Yvonne Salazar

Wandlungsfähigkeit – eine neue Herausforderung

Die Einführungszeit für neue Produkte wird immer kürzer. Produktionsverfahren verändern sich u.a. durch die Implementierung innovativer Produktionssysteme, schlanker Herstellungsprozesse, kontinuierlicher Verbesserungsprozesse (KVP) und Total Productive Maintenance (TPM). Diese Entwicklungen sowie die zunehmende Dynamik und Turbulenz auf dem Weltmarkt verlangen von Unternehmen schnelle und gezielte Reaktionen auf Veränderungen.

Leistungsstarke Unternehmen sind in der Lage, sich flexibel an Schwankungen der Quantität, Qualität, Lieferzeit, Produktvarianten und ihrer Herstellungskosten anzupassen. Dafür richten sie sogenannte Flexibilitätskorridore ein. Steigt plötzlich der Absatz, wird eine zusätzliche Schicht eingeführt, oder es werden Zeitarbeiter eingestellt, um das erhöhte Produktionsaufkommen zu bewältigen. Durch die Globalisierung der Wirtschaft werden die Faktoren, welche die wirtschaftliche Leistungsfähigkeit von Unternehmen beeinflussen, jedoch immer vielseitiger, dynamischer und schwankungsanfälliger. Unvorhersehbare Katastrophen wie der Unfall im Kernkraftwerk von Fukushima oder der Vulkanausbruch auf Island wirken sich unmittelbar durch einen plötzlichen Mangel an Zulieferteilen oder Rohmaterialien auf die industrielle Produktion aus. In der Folge reichen herkömmliche Flexibilitätskorridore nicht mehr aus. Es muss ein Grad von Wandlungsfähigkeit erzeugt werden, der es ermöglicht, proaktiv und vorausschauend auf eine unvorhersehbare Zukunft zu reagieren. Hierfür müssen neue Flexibilitätskorridore gestaltet, analysiert und nach ihrer wirschaftlichen Machbarkeit oder Zweckmäßigkeit bewertet werden. Ein neuer Flexibilitätskorridor könnte beispielsweise durch die Lagerung großer Mengen an Rohmaterialien oder fertigen Produkten geschaffen werden, aber es sollte andere Möglichkeiten geben, die effizienter oder kostengünstiger sind. Kreative Alternativlösungen müssen deshalb entwickelt, geprüft und anhand eines Worst-Case-Szenarios bewertet werden. Wandlungsfähigkeit ist somit das Potenzial, organisatorische und technologische Veränderungen, die über die Möglichkeiten bisheriger Flexibilitätskorridore hinausgehen, unter Berücksichtigung von Skalierbarkeit, Modifizierbarkeit und Robustheit einzuführen.

Mitarbeiter als Veränderungskraft

Mitarbeitern wird oft vorgeworfen, Wandel zu behindern. Sie stünden Veränderungen skeptisch gegenüber oder lehnten sie völlig ab. Sieht man jedoch genauer hin, wird deutlich, dass Mitarbeiter selten in die Gestaltung von Veränderungen einbezogen werden und keine Wahl zwischen verschiedenen Optionen erhalten. Andererseits sind sie oft nicht in der Lage, Signale für die Notwendigkeit von Veränderungen zu erkennen, zu bewerten und entsprechende Maßnahmen zu ergreifen. Um in Alternativen zu denken und neue Flexibilitätskorridore zu schaffen, müssen Mitarbeiter sich selbstorganisiert in offenen, komplexen und dynamischen Situationen zurechtfinden. Sie müssen über die Fähigkeit verfügen, wandelnde Rahmenbedingungen und Situationen wahrzunehmen, sie zu analysieren und Schlussfolgerungen für eine geeignete Vorgehensweise und die sich daraus ergebenden Anforderungen und Wirkungen zu ziehen. In der Entwicklung der hierfür notwendigen Kompetenzen müssen sie gefördert und unterstützt werden.

Auswirkungen auf die Gestaltung von Lernen

Kompetenzentwicklungsmaßnahmen zur Bewältigung schneller und komplexer Veränderungen können selten in klassischen Trainingsformaten wie Kursen, Seminaren und E-Learning umgesetzt werden, da diese die schnell wechselnden und oft sehr spezifischen Bildungsbedarfe eines Unternehmens schwerlich aufgreifen können. Fähigkeiten wie Flexibilität und Reflexionsfähigkeit lassen sich kaum in Trainings erlernen. Sie müssen durch andere Formen der Personalentwicklung wie „Job rotation" und Feedback-Gespräche aufgebaut werden. So kann Analysefähigkeit beispielsweise durch die regelmäßige Reflexion der Arbeitsprozesse oder die Auseinandersetzung mit dem Problem der Woche / des Monats entwickelt werden. Die Komplexität der Herausforderungen, vor die Unternehmen gestellt werden, führt außerdem dazu, dass sich beispielsweise Managementkurse nicht mehr nur an die oberen Führungskräfte richten, sondern auch an Schichtführer und Teamleiter. Für sie ist weniger theoretische Reflexion, sondern praxis- und handlungsorientiertes Lernen besonders wichtig.

Zudem ändern sich die Rahmenbedingungen für Lernen. Es steht immer weniger Zeit für Weiterbildung zur Verfügung, während der Bedarf stetig steigt. Lernen muss „just in time" und „on demand" abrufbar sein. Der Weg geht deshalb weg von standardisierten Formen des Lernens hin zu neuen Lern- und Interventionsformen mit den folgenden Auswirkungen:
– Kurze schnelle Trainingssequenzen sowie arbeitsintegriertes und arbeitsnahes Lernen nehmen zu
– Lernprozesse werden von externen Angeboten hin zu internen Maßnahmen verlagert
– Führungskräfte werden verstärkt zu Coachs
– Kollegen werden zu Ausbildern / Multiplikatoren
Um das benötigte Lernen im Prozess der Arbeit zu fördern, müssen Mitarbeiter befähigt werden, Lernen und Lerngestaltung in ihr berufliches Handeln zu integrieren. Weitere Maßnahmen, welche die Entwicklung der Wandlungsfähigkeit von Mitarbeitern begünstigen, sind:
– die Entwicklung einer sogenannten Fehlerkultur, also einer Unternehmenskultur, die Fehler nicht sanktioniert
– die lernförderliche Gestaltung des Arbeitsplatzes
– zielgruppenspezifische Lernangebote
– Mentoring und Coaching
– Lernnetzwerke.

Informelle Lernräume

Lernen findet verstärkt nicht formell, sondern informell statt. Informelles Lernen bedeutet in diesem Zusammenhang, dass das Lernen nicht durch Lernziele, Dauer und Methoden strukturiert ist. Es kann während eines Gesprächs mit Kollegen bei einer Tasse Kaffee stattfinden, wenn man eine Hotline anruft oder einen Kollegen um Rat oder Hilfe bittet. Informelles Lernen lässt sich nicht vorschreiben oder steuern, sondern liegt in der Initiative jedes Mitarbeiters. Der Austausch von Informationen und der Aufbau von Netzwerken sind wesentliche Elemente für informelles Lernen. Vor allem im Hinblick auf Wandlungsfähigkeit sollten Unternehmen die Bereitschaft von Mitarbeitern unterstützen, sich abzustimmen und sich gegenseitig als Informationsquelle zu dienen. Eine aktive Lernkultur kann und sollte durch die Schaffung von Kommunikationsräumen entwickelt werden. Die einfachste Möglichkeit sind Kaffeeküchen oder kleine Kantinen, in denen Mitarbeiter zusammenkommen und spontan Informationen austauschen und Fragen stellen können. Eine gezieltere Förderung des Lernens im Prozess der Arbeit besteht in der Einrichtung sogenannter „Lerninseln", an denen sich Teams treffen und aktuelle Probleme, Entwicklungen und Erfahrungen bei der Arbeit besprechen können.

Fazit

Lernen im Prozess der Arbeit wird in Zukunft in fast allen Branchen zunehmen. Die Herausforderungen, die Wandlungsfähigkeit an Unternehmen stellt, führen zu einer zunehmenden Verschmelzung von Lernen und Arbeit, so dass wir uns immer öfter fragen werden, ob wir lernen oder arbeiten. Wenn der Wert von Informationsaustausch und informellem Lernen positiv in einer Unternehmenskultur verankert ist, wird damit die Entwicklung von Wandlungsfähigkeit aktiv unterstützt, und es ergeben sich entscheidende Wettbewerbsvorteile.

Gemeinsame Erschaffung neuer Funktionen über den ökonomischen Wert hinaus

Kayano Fukuda

Wertschöpfung ist heute als ein wichtiges Ziel der Arbeit anerkannt. In einer sich schnell wandelnden und unsicheren Welt ist eine nachhaltige Wertschöpfung wichtig für die Wettbewerbsfähigkeit und sogar das Überleben von Organisationen sowie die Produktivität des Individuums. Eine nachhaltige Wertschöpfung macht es notwendig, den zu schöpfenden Wert aus einer langfristigen Perspektive zu überdenken. Viele Organisationen und Individuen haben eine enge Definition von Wertschöpfung, die den ökonomischen Wert in den Mittelpunkt stellt. Ihr Hauptanliegen besteht noch immer darin, kurzfristige Profite zu optimieren, nicht die Bedürfnisse Einzelner und der Gesellschaft aus einer Langzeitperspektive in Angriff zu nehmen.

Der ökonomische Wert kann nicht das einzige Ziel der Gesellschaft sein. Wirtschaftswachstum verursacht manchmal schwere Umweltschäden und führt darüber hinaus zu mehr sozialer Ungleichheit. In den letzten Jahrzehnten haben Fortschritte bei der Fertigung einen wesentlichen Beitrag zur Wirtschaftsentwicklung und der Verbesserung der Lebensstandards geleistet. Allerdings waren sie extrem abhängig von Rohstoffen und preiswerter Energie und führten dadurch zum Klimawandel, dem Rückgang der Artenvielfalt und der Kontamination mit Giftstoffen. Durch den modernen Kapitalismus hat sich außerdem die Einkommensschere weiter geöffnet und die soziale Schichtung verstärkt.

Arbeit sollte ein Gleichgewicht zwischen Wirtschaftswachstum und Fortschritt und Wohlergehen der Gesellschaft finden. Sie muss Werte schaffen, die nicht nur wirtschaftlichen Erfolg bringen, sondern auch soziale, kulturelle und emotionale Bedürfnisse und Sehnsüchte erfüllen. Die meisten Organisationen und Individuen hängen noch immer der Idee an, dass Arbeit nur dem Zweck des Profits dient. Eine der großen Herausforderungen für die Zukunft der Arbeit ist es, diese Denkweise zu ändern und über den ökonomischen Wert hinaus zu gehen.

Gemeinsame Schaffung neuer Funktionen als neue Möglichkeit, Denkweisen zu verändern

Das Schaffen neuer Funktionen, die über einen ökonomischen Wert hinausgehen, ist eine Möglichkeit, diese Herausforderung anzugehen. Zum Prinzip neuer Funktionen gehört nicht nur die Schaffung eines ökonomischen Wertes, sondern auch die Erfüllung weitergehender gesellschaftlicher Erwartungen. Auch wenn einige Organisationen und Individuen die Schaffung neuer Funktionen bereits anstreben, sind weitere Bemühungen notwendig, um den Schwerpunkt von der Profitmaximierung auf soziale, kulturelle und emotionale Bedürfnisse und Sehnsüchte zu verschieben. Neue Funktionen werden nicht allein von Herstellern innovativer Waren und Dienstleistungen geschaffen, sondern gemeinsam von Herstellern und Verbrauchern in einem koevolutionären Prozess. Auf diese Weise wird die gemeinsame Schaffung neuer Funktionen neben wirtschaftlichen Vorteilen auch soziales Wohlergehen, kulturelles Wohlbefinden, eine Verbesserung des Lebensstandards und emotionale Zufriedenheit bringen.

In vielen Ländern geben Verbraucher nach der weltweiten Finanzkrise im Jahr 2008 zögerlicher Geld aus. Sie sparen bei Ermessungsausgaben, etwa beim Essen in Restaurant und beim Kauf von Luxusgütern, und sind auf preiswertere Produkte als neuen Standard umgestiegen. Japanische Verbraucher haben ihren Lebensstil und ihre Einstellung auch nach der beispiellosen Dreifachkatastrophe – dem stärksten Erdbeben, das jemals aufgezeichnet wurde, einem massiven Tsunami und der Kernschmelze in einem Kernkraftwerk – am 11. März 2011 geändert. Die landesweiten Anstrengungen, sich mit dem Strommangel im Sommer zu arrangieren, hat ein verbessertes Bewusstsein für Energieeinsparungen bewirkt. Die Menschen haben stärker auf traditionelle Arten des Kühlens und Heizens ebenso wie auf neue Arten des Energiesparens und der Stromerzeugung zuhause zurückgegriffen, beispielsweise auf energiesparende Geräte und Photovoltaiksysteme. Die Erfahrungen nach der Katastrophe haben außerdem ihr Bewusstsein für die Abfallreduzierung und ein ethisches Verbraucherverhalten mit möglichst geringen Auswirkungen auf Gemeinschaften gestärkt. Diese Veränderungen des Verbraucherverhaltens bedeuten, dass Verbraucher Vorteile und Kosten einander aus einer breiteren Perspektive als der eines kurzfristigen ökonomischen Gewinns gegenüberstellen.

Die nächste Welle der Innovation

Die Schaffung neuer Funktionen könnte auf diese Veränderungen eingehen und wird die nächste Welle der Innovation im modernen Arbeitsumfeld vorantreiben. Früher hing der Erfolg einer Innovation davon ab, wie Hersteller innovative Waren und Dienstleistungen anboten. Jetzt kommt es jedoch darauf an, wie die Verbraucher das Ergebnis einer Innovation bewerten. Verbraucher wollen weltweite vorbildliche Verfahren gerne teilen und einen neuen Bedarf wecken. Es wird erwartet, dass Verfahren Lösungen für die Bedürfnisse der Verbraucher liefern, die bereits erkannt wurden, noch im Verborgenen liegen oder sich in Zukunft erst ergeben könnten. Neue Funktionen sind entstanden, wenn zwischen Herstellern und Verbrauchern eine neue Resonanz entsteht, die über ökonomische Werte hinausgeht. Die gemeinsame Schaffung neuer Funktionen ist ein entscheidender Faktor, um Verbrauchern mehr Vorteile zu bieten, nicht nur hinsichtlich der Erschwinglichkeit, sondern auch in Bezug auf Verbraucherfreundlichkeit, Komfort und Identität.

Dieser Innovationserfolg wird in drei Schritten erfolgen – Beobachtung, Design und Lieferung. Zunächst sollten Hersteller neue Formen der Interaktion mit Verbrauchern aufbauen. Alle Hersteller müssen mit Beobachtungen vor Ort beginnen, um die Bedürfnisse zu ermitteln. Hersteller müssen neue Fähigkeiten und Kenntnisse entwickeln, um soziale, kulturelle und emotionale Bedürfnisse und Sehnsüchte besser zu erkennen und zu verstehen. Danach werden durch eine Resonanz zwischen Herstellern und Verbrauchern neue Funktionen entwickelt. Es wird die Fähigkeit benötigt, über Grenzen hinweg zusammenzuarbeiten, um Ideen und Meinungen zum Zweck einer besseren Gestaltung neuer Funktionen auszutauschen. Es werden auch verschiedene Perspektiven zum Umgang mit komplexen Aspekten benötigt, um die Ideen Einzelner und die Ressourcen von Organisationen miteinander zu kombinieren und so bessere Innovationsergebnisse zu erzielen. Schließlich werden die neuen Funktionen den Verbrauchern geliefert und mit vielen geteilt. Das Teilen der neuen Funktionen bedeutet keine

Adaption. Sie sollten so umgeformt werden, dass sie den individuellen sozialen, kulturellen und emotionalen Bedürfnissen und Sehnsüchten des Kunden entsprechen.

Zweck der Arbeit sollte es sein, gemeinsam neue Funktionen zu schaffen, die gesellschaftliche Erwartungen im weiteren Sinne über den ökonomischen Wert hinaus erfüllen. Sowohl Hersteller als auch Verbraucher müssen in einem koevolutionären Prozess gemeinsam daran arbeiten, nicht nur wirtschaftlichen Erfolg zu erreichen, sondern auch soziale, kulturelle und emotionale Bedürfnisse und Sehnsüchte zu erfüllen. Diese Bemühungen werden Organisationen ein nachhaltiges Wachstum und Individuen eine verbesserte Lebensqualität ermöglichen. Die gemeinsame Schaffung neuer Funktionen bietet die Gelegenheit, die Arbeit auf eine Weise neu zu gestalten, die zu einer besseren Zukunft der Welt beiträgt.

Innovationskultur

Welche Wirkung hat der britische Schneemann? Britischer Schnee als Störfaktor

Keith Bevis und Mariana Dodourova

Britischer Schnee ist irgendwie anders. In jedem anderen Land ist Schnee entweder nur das weiße Zeug, das man aus Bildern kennt, oder aber ein wirklicher Teil des Lebens: ein regelmäßiger Eindringling, auf den man sich vorbereiten muss und mit dem man umzugehen verstehen muss. Ein bekanntes Hindernis, eine Touristenattraktion, ein Sport. In Großbritannien hingegen ist Schnee – unabhängig davon, wie wenig davon fällt – ein Störenfried. Er bringt uns dazu, Dinge anders zu machen, unsere Pläne zu ändern, auf anderen Wegen zu reisen, andere Menschen zu treffen.

Der Schlüssel zum Verständnis der Arbeit in wissensbasierten Industrien liegt in Kompetenzen, Kommunikation und Reisen. Sind wir – obwohl diese Aspekte uns Innovationen ermöglichen – dabei, Innovation zu Tode zu kategorisieren und zu definieren? Brauchen wir einen Schneemann, um unsere Arbeitsmuster und Instrumente umzugestalten und den nächsten aufrüttelnden Schritt zu tun?

Aufbrechen festgefahrener Muster

Die Geschichte der Kompetenzen in der zweiten Hälfte des 20. Jahrhunderts ist durch die Weitergabe von Fachkenntnissen geprägt. Durch das Qualitätssystem aus Japan, das von einer Stufe der Fertigung zur nächsten durchsickerte und für mehr Einheitlichkeit in der Fertigungsindustrie sorgte. Es hat einige fantastische Errungenschaften mit sich gebracht: mehr Präzision, mehr Kontrolle, weniger Verschwendung und sehr viel wettbewerbsfähigere Preise. Wenn man sich jedoch die schneeflockenhaften kleinen und mittelständischen Unternehmen (KMU) ansieht, fragt man sich, warum sie sich trotz all dieser eindrucksvollen Techniken nicht weiterentwickeln und wachsen. Wie Schneeflocken entstehen sie, sind aktiv, verändern sich, lösen sich auf und verschwinden. Die erste Lektion, die wie von unserem Schneemann lernen, ist, dass alle Schneeflocken, egal wie leicht sie sind, über die richtigen Eigenschaften verfügen, um sich gerade so lange wie nötig zu einer eindrucksvollen Struktur zu fügen.

In den wissensbasierten Industrien sind beinahe alle Innovationen und Ergebnisse in Kommunikation verwurzelt. Ähnlich dem Schnee scheinen unsere Ideen in der „Wolke" zu entstehen. Auf der einen Seite werden unsere Ideen freier, kommunizierbarer, offener. Aber wie auch im vergangenen Jahrhundert gibt es steuernde Einflüsse, die Kategorisierungen vornehmen wollen, um zu ordnen und zu kontrollieren. Große Konzerne haben sich eine offene Innovation zu eigen gemacht, preisen ihre Erfolge und bieten ihre Verheißungen den kleineren Konkurrenten an, so wie sie es zuvor mit Fertigungskompetenzen getan haben. Kleinere Unternehmen scheinen hingegen nur zurückhaltend auszuziehen und auf Entdeckungsreise zu gehen. Sie benötigen eine weiße Schneelandschaft, in der sie einen ersten Schritt machen können, der einen Abdruck hinterlässt und deutlich sichtbar ist.

Die Routine des Pendelns, die auf unsere Arbeitszeiten abgestimmt ist, bildet einen Teil des Rahmens unserer festen täglichen Muster. Innovationen erfordern, dass wir anders denken, Ideen einander gegenüberstellen und das damit verbundene Risiko in Kauf nehmen. Festgefahrene Muster hindern uns daran, Dinge zu verändern. Wenn es schneit, werden wir aufgerüttelt. Während dieser Störungsphase fällt es uns schwer, Wege zu finden, um unsere Arbeitsziele zu erreichen. Die Störung stellt außerdem die Stabilität unseres Arbeitsrahmens in Frage. Genau solche Störungen sind es, die wir als Stimulus für Innovation benötigen. Damit diese Art der kreativen Störung zu einem Bestandteil unserer Arbeitsumgebung wird, müssen wir die Vorstellung hinterfragen, dass Menschen auch in Zukunft an einem Ort für einen Arbeitgeber arbeiten werden!

Von der offenen Innovation zur offenen Arbeit

Eine gelegentlicher Schneeschauer, der uns anders darüber denken lässt, wie und wo wir arbeiten, ist keine zuverlässige Weise, Innovation zu fördern und anzuregen. Was uns der Schnee zeigt ist: Egal wie effizient wir geworden sind und wie sehr wir auch die Kosten und die Produkteinführungszeit gedrückt haben, wir haben dabei möglicherweise in der gesamten Industrie unsere Fähigkeit verloren, spontan Änderungen einzuführen.

Der schlaue „Portfolio Man" hat uns vorgemacht, dass die Klügsten unter uns wählen können, wie sie arbeiten, und dies auf eine Weise tun können, die sie persönlich erfüllt. Der Schnee lehrt uns, dass radikale Änderungen der Arbeitsgewohnheiten etwas für jeden sein können. Schnee beginnt als eine durchgehende, alles umfassende Decke, die jeden gleich behandelt. Wie wir mit Schnee in unserem Leben umgehen, ist eine persönliche Entscheidung.

Offene Innovation ist ein Paradigma, das sich Unternehmen zu Eigen machen, die geistige Eigentumsrechte verstehen und die Fähigkeit besitzen, neue Ideen und Denkweisen anzuziehen. Vielleicht ist in kleineren – und in den Augen mancher konservativeren – Unternehmen die Zeit reif, eine offene Arbeitsweise anzunehmen, die keine Beständigkeit und Stabilität kennt. Anstatt alte Kompetenzen zu schützen, öffnet ein Schneegestöber neue Augen und bringt neue Ideen hervor, die das Potential haben, neue Chancen für unsere Unternehmen zu eröffnen. Mit neuen Mitarbeitern in unseren Unternehmen könnten wir Hindernisse überwinden, auf anderen Wegen andere Ziele anstreben und dabei mehr über andere Arbeitssituationen, Probleme und Modelle erfahren. Können wir es wagen, unsere Mitarbeiter wie Schneeflocken frei umherschwirren zu lassen, nicht immer am selben Arbeitsplatz zu sein, sondern dorthin zu gehen, wohin sie der Wind (die Arbeit) trägt?

Können wir allmählich verstehen, dass sich unsere internen Organisationsstrukturen den individuellen Bedürfnissen eines Unternehmens anpassen müssen? Einheitlichkeit und Konvention garantieren unter den heutigen turbulenten wirtschaftlichen Rahmenbedingungen keinen Erfolg mehr: Unternehmen müssen Veränderungen und Unsicherheiten annehmen und sich kontinuierlich an den Druck von außen anpassen. Das setzt eine Vielzahl von Verbindungen innerhalb und außerhalb von Unternehmen voraus, zu denen gegebenenfalls auch ungeplante Verbindungen gehören können. Wie müssen Unternehmenseinheiten aufgebaut und definiert werden, um Initiative, Kooperation und Flexibilität zu fördern, verschiedene Interaktionsmuster einzuschließen und Kontinuität zu wahren? Das offene Arbeiten setzt voraus, dass bestehende Strukturen, Prozesse und Routinen aufgebrochen werden und Menschen für verschiedene Möglichkeiten empfänglich gemacht werden, Kreativität ausgelöst und neue Weisen entwickelt werden, Dinge zu sehen und zu machen. Darüber hinaus macht die Notwendigkeit einer anpassungsfähigen Integration und verbesserten Koordinierung verschiedener Kompetenzen deutlich, dass interne Strukturen und Aktivitäten enger mit Netzwerken ergänzender Strukturen und Aktivitäten außerhalb des Unternehmens verbunden werden müssen. Wie Schneeflocken, die sich anhäufen und eine kritische Masse und Beschaffenheit erreichen, können Netzwerke aus kleinen Firmen gleichzeitig Integration, Flexibilität und Innovation erreichen und damit die Vorteile großer Unternehmen nachahmen, sind dabei jedoch flexibel und anpassungsfähig.

Das Konzept des offenen Arbeitens setzt einen dynamischen Markt voraus, aber wenn es zu Innovation und Wachstum führt, würde sich ein solcher Markt tatsächlich entwickeln. Der Schneemann würde uns Flügel verleihen.

Eine neue Offenheit: Vom Umgang mit neuen Herausforderungen angesichts der zunehmenden Durchsetzung von Open Innovation und Crowdsourcing in der Managementpraxis

Birgit Fingerle, Anna Maria Köck und Klaus Tochtermann

Obwohl sich ihr Einsatz heutzutage noch auf wenige wegweisende Unternehmen beschränkt, sind Open Innovation und Crowdsourcing zwei Managementansätze von deren Einzug in das Standardrepertoire der Managementpraxis innerhalb eines Jahrzehnts wir ausgehen. Da sie es Organisationen ermöglichen, von der kollektiven Intelligenz einer externen Mitarbeiterschar zu profitieren, verfügen sie über das Potential, unsere Arbeitsweise zu revolutionieren. Während Open Innovation das Ziel verfolgt, Innovationsprozesse gegenüber externen Anspruchsgruppen, wie Kundinnen und Kunden oder der breiten Öffentlichkeit, zu öffnen, um deren Fachwissen und Kreativität in Innovationsaufgaben einzubeziehen, wird Crowdsourcing breiter definiert. Der Begriff umfasst das Auslagern verschiedenster Arten von Aufgaben über das Internet an eine offene oder definierte Gruppe. Dies können beispielsweise Aufgaben wie die Eingabe von Daten durch Freiwillige oder bezahlte „Microworker" sein. Open Innovation umfasst hingegen neben Online-Aktivitäten, wie Ideenwettbewerben, auch Offline-Aktivitäten, zum Beispiel Lead User-Workshops.

Dennoch haben diese beiden neuen Modelle der Zusammenarbeit im Hinblick auf ihre Wirkung für Organisationen und ihre Mitarbeitcrinnen und Mitarbeiter viele Gemeinsamkeiten. Sie ermöglichen es Organisationen, bei der Ausführung ihrer Aufgaben von der begehrten Kreativität, dem Wissen, den Qualifikationen oder einfach der Freizeit Außenstehender zu profitieren. Dadurch können Organisationsprozesse bereichert werden und Wettbewerbsvorteile entstehen, da die Einbeziehung externer Lead User mit höherer Wahrscheinlichkeit Produkte hervorbringt, die sehr innovativ sind und einen hohen Kundennutzen bieten. Es sind jedoch vielfältige Risiken damit verbunden, etwa in Bezug auf das geistige Eigentum, den Schutz von Geschäftsgeheimnissen oder die Öffentlichkeitsarbeit.

Neue Fragen entstehen

Eine Befürchtung ist, dass diese neuen Ansätze die Position von Mitarbeiterinnen und Mitarbeitern schwächen werden. Open Innovation wird jedoch Innovationsmanagement oder interne Forschung und Entwicklung ebenso wenig überflüssig machen, wie Crowdsourcing einen Großteil der bezahlten Arbeitskräfte arbeitslos machen wird. Im Gegenteil! Es stimmt jedoch, dass ihre Einführung wahrscheinlich nicht spurlos an Mitarbeiterinnen und Mitarbeitern vorbeigehen wird. Um diese Ansätze richtig zu nutzen, müssen wesentliche Änderungen an Organisationspraktiken erfolgen: Der Aufbau neuer Formen der Zusammenarbeit mit Menschen außerhalb der Organisation, die Öffnung der Organisation und der Umgang mit neuen, flexiblen Grenzen der Organisation. Es werden neue Antworten auf die Frage gefunden werden müssen, was eine Organisation ist und wo sie endet, um das Potential dieser Ansätze über das nächste Jahrzehnt hinaus voll auszuschöpfen.

Auf der Ebene von Innovationsprojekten werden Crowdsourcing und Open Innovation in Zukunft zu einem Bestandteil der „Standardinstrumente" werden. Eine wichtige Grundlage für die effiziente Durchführung von Innovationsprojekten ist die nahtlose Integration virtueller (webbasierter) Tools und Anwendungen in die Arbeitsumgebung der beteiligten Personen. Innovations- oder Projektmanagerinnen und -managern werden entweder erprobte Modelle und intelligente Anwendungen auf Basis semantischer Technologien zur Verfügung stehen, die ihnen bei der Entscheidung helfen, wann welches Instrument einzusetzen ist, oder sie werden entsprechend trainiert, um in jeder Phase des Innovationsprozesses beurteilen und entscheiden zu können, ob es nützlich wäre, Außenstehende einzubeziehen. Daraus folgt, dass sich bestehende Tätigkeitsprofile ändern und neue Tätigkeitsprofile entstehen werden. „Integrationsmanager" werden benötigt, die in der Lage sind, die verschiedenen Optionen zu beurteilen und ihre Kolleginnen und Kollegen zu beraten, ob und wann es sinnvoll ist, eine bestimmte Aufgabe nach außen zu öffnen. Sie werden über das Wissen verfügen, wie man offene Projekte konzipiert und durchführt, Außenstehende motiviert und die Vernetzung innerhalb und außerhalb der Organisation fördert.

Auf organisatorischer Ebene werden mehr Kreativität und eine „neue Offenheit" benötigt, um Open Innovation und Crowdsourcing erfolgreich umzusetzen. Organisationskulturen und das individuelle berufliche Rollenverständnis hinken derzeit oft noch den neuen Möglichkeiten hinterher, was hauptsächlich mit der Angst zusammenhängt, durch Außenstehende ersetzt zu werden. Eine „neue Offenheit" hinsichtlich der Wahrnehmung der Rolle einer Organisation und ihres Umfelds, der Arbeitsteilung und der Rollenverteilung wird notwendig sein. Dies kann zur Herausbildung neuer Kernkompetenzen und Geschäftsmodelle führen.

Aus der Perspektive des Einzelnen kann die Konfrontation mit Ungewissheit, mehr Komplexität und Flexibilität, dem Ausprobieren neuer Organisationsgrenzen und der neuartigen Zusammenarbeit mit neuen Partnern leicht zu Orientierungslosigkeit und Verwirrung führen. Dadurch werden sich neue Fragen stellen, wie beispielsweise: Wohin gehöre ich? Wem kann ich vertrauen? Wem darf ich welche Informationen geben?

Auswirkungen auf die Arbeitsgestaltung

Das wirft wiederum wichtige Fragen auf der Ebene der Organisation auf: Wie können Organisationen verhindern, dass das Verhalten ihrer Mitarbeiterinnen und Mitarbeiter ihrer Außendarstellung widerspricht? Um diese Frage angemessen zu beantworten, wird die Position von Mitarbeiterinnen und Mitarbeitern neu definiert werden und eine neue Offenheit der internen Beziehungen gelebt werden müssen. Wir glauben, dass Mitarbeiterinnen und Mitarbeitern sogar eine noch wichtigere Rolle zukommt, wenn Open Innovation und Crowdsourcing langfristig und nachhaltig praktiziert werden. Je mehr Offenheit eine Organisation zulässt, desto weniger kann sie es sich leisten, ihre Mitarbeiterinnen und Mitarbeiter alleine zu lassen, und desto mehr wird sie sich auf deren Wertschätzung und Engagement konzentrieren müssen. Am erfolgreichsten werden Organisationen mit den neuen Herausforderungen umgehen, die ein humanistisches Menschenbild vertreten und die eine zentrale Frage immer wieder von neuem beantworten: Wie können wir unsere Mitarbeiterinnen und Mitarbeiter am besten dabei unterstützen, mit dieser neuen Offenheit umzugehen? Diese Organisationen werden alles in ihrer Macht stehende tun, um ihre Mitarbeiterinnen und Mitarbeiter dabei zu unterstützen, selbstständige, kreativ denkende und handelnde Persönlichkeiten zu sein. In einem solchen Umfeld wird der Personalentwicklung und der Organisationsentwicklung noch mehr Bedeutung zukommen. Im Mittelpunkt wird die Persönlichkeitsentwicklung stehen, die durch vielfältige Maßnahmen gefördert wird, beispielsweise durch das Organisieren von Intervisionsgruppen für Mitglieder von Projektteams, die Ausbildung interner Coaches oder die Beauftragung externer Coaches. Diese Entwicklung wird durch neue Instrumente für das Wissensmanagement und persönliche Apps, die das kreative Denken fördern, unterstützt. Eine Organisation, die von ihren Mitarbeiterinnen und Mitarbeitern unternehmerisches Denken, Flexibilität und Kreativität fordert, muss im Gegenzug Freiraum und einen fehlertoleranten Schutzraum bieten. Warum? Weil selbstbewusste Mitarbeiterinnen und Mitarbeiter mit einer starken Berufsidentität in der Lage sein werden, über ihre beruflichen Rollen und die Ziele verschiedener Anspruchsgruppen zu reflektieren und die Fragen zu meistern, die mit der neuen Offenheit verbunden sind.

Zur Zukunft von Wissensarbeit

Peter Brödner

„Innovation ist durch Wettbewerb selektierte Kreativität" (*Horst Albach*) und Wettbewerb vollzieht sich zunehmend durch Innovationen. Innovationen sind die kreative Transformation von Wissen in Geschäft und beruhen daher auf Wissensarbeit, auf Arbeit in Prozessen der Genese, der Organisation und der situativ angemessenen Verwendung von Wissen. Dabei ist die Unterscheidung zwischen Können oder Arbeitsvermögen und explizitem oder kodifiziertem Wissen von grundlegender Bedeutung.

Können oder Arbeitsvermögen bezeichnet die praktische Handlungskompetenz von Menschen, beruhend auf ihren Erfahrungen sowie auf ihren reflektiven, operativen und kooperativen Fähigkeiten, in einer Situation wirksam zu handeln, um Wünsche und Interessen zu verwirklichen. Können ist erfolgreiches „situiertes Handeln"; es umfasst die Fähigkeit, Situationen als Ganze zu deuten, sowie prozedurale Routinen, das jeweils Angemessene zu tun. Können wächst mit Erfahrung und durch Aneignung und situationsbezogene Anwendung von Wissen.

Explizites oder kodifiziertes Wissen bezeichnet dagegen durch Reflexion und Begriffsbildung ins Bewusstsein gehobene Erfahrung: Mittels relevanter Begriffe wird Praxis geordnet und partiell expliziert. Wissen nimmt die Form von Theorien an, von Systemen konsistent aufeinander bezogener Begriffe und Argumente (Aussagen). Theorien erklären, wie etwas funktioniert (Verstehen). Sie sind selbstreferentiell geschlossen und bedürfen des Könnens, sich ihrer zu bemächtigen, um Praxis wirksam zu verändern (Problemlösen).

Damit wird deutlich: Ohne das menschliche Arbeitsvermögen kämen Innovationen gar nicht zustande und ohne es wäre die produktive Bewältigung damit verbundener Unsicherheit gar nicht zu leisten. Ohne das Arbeitsvermögen gelänge es auch nicht, die rasch anschwellenden und sich ausdifferenzierenden Bestände kodifizierten Wissens für situative Problemlösungen und Innovationen praktisch wirksam zu nutzen, Wissen auf Relevanz zu prüfen, Kooperation und Wissensteilung zwischen Experten zu ermöglichen und Wissen zwecks Bewältigung komplexer Probleme anzueignen und wirksam anzuwenden.

So gewinnt in der Wissensarbeit das subjektive Arbeitsvermögen erhöhte Bedeutung zurück, die es im Zuge tayloristischer Objektivierung von Arbeit durch Explikation von Wissen über Arbeitsprozesse und dessen maschinelle Vergegenständlichung („Verwissenschaftlichung") verloren hat. In dem Maße, in dem explizites, kodifiziertes Produktionswissen durch dessen kreative Verwendung im Wettbewerb der Unternehmen für Innovationen von Produkten, Prozessen und Dienstleistungen genutzt wird, wachsen Vielfalt, Komplexität, Dynamik, Unsicherheit und Unplanbarkeit von Produkten, Prozessen und Märkten, die zu bewältigen wachsende Anforderungen an das Arbeitsvermögen stellt. So nehmen Bedeutung und Anforderungen an subjektives Arbeitsvermögen und Können zu, weil sich abstrakte Arbeitskraft im Prozess ihrer Verwertung zunehmend in Form veräußerlichten Wissens und technischer Systeme vergegenständlicht. Objektivierung von Arbeit schlägt um in deren Subjektivierung.

Diese Umwälzung ist mit einem *Formwandel von Kontrolle* verbunden. Arbeitsvermögen ist an die leibliche Existenz seiner individuellen Träger gebunden und als solches unveräußerlich (es sei denn durch partielle Explikation als Wissen). Es vermag sich nur in selbstbestimmter Arbeit, Wissensteilung und Kooperation mit anderen zu entfalten. Um gleichwohl Verwertungsansprüche im Umgang mit Wissen in weitgehend autonomen, sich selbst organisierenden Arbeitsgruppen zu sichern, sind neue Formen von Herrschaft gefordert: *indirekte Steuerung* durch Marktanforderungen anstelle hierarchischer Anweisung und Kontrolle (die bei Unsicherheit und Unplanbarkeit ohnehin nicht möglich ist). Unter dem Damoklesschwert des Misserfolgs treiben sich die Träger des Arbeitsvermögens selbst zu Höchstleistungen an, allerdings auf Kosten ihrer Gesundheit und sozialen Beziehungen, stets in der Gefahr, durch dauerhafte Überforderung ihr Arbeitsvermögen zu untergraben.

Tatsächlich steigt seit etwa 15 Jahren die Zahl psychischer Störungen in Gestalt von Schlafstörungen, Burnout-Syndromen, Depressionen oder Drogenmissbrauch epidemisch an, gerade in Bereichen hoch qualifizierter Wissensarbeit. Etwa eine Dekade eigener analytischer und empirischer Forschung speziell im Bereich multifunktionaler Teamarbeit in IT-Projekten als einem typischen Fall von Wissensarbeit zeigt, wo Ursachen hierfür zu suchen sind. Auf Basis des Konzepts der widersprüchlichen Arbeitsanforderungen konnte eine Reihe wiederkehrender Missverhältnisse zwischen Anforderungen, tatsächlich verfügbaren Ressourcen und wirksamen Regeln identifiziert werden, die aufgetretene Störungen zu erklären vermögen. Ähnliche Missverhältnisse zwischen Leistungsdruck und real verfügbaren Ressourcen sind als Folge indirekter Steuerung in allen Bereichen qualifizierter Wissensarbeit häufig anzutreffen.

Abhilfe kann wegen der komplexen Zusammenhänge der Verursachung nur gelingen, wenn Verbesserungen auf mehreren Handlungsebenen – individuell, organisatorisch und institutionell – angegangen werden:

– Es zeigt sich, dass Kompetenzen der Stressbewältigung individuell unterschiedlich ausgeprägt sind; sie sind ein Stück weit erlernbar und können etwa durch Coaching verbessert werden.

– Auf der Ebene der Arbeitsorganisation können systematisch Anstrengungen zur Vermeidung von Ungleichgewichten zwischen Anforderungen und real verfügbaren Ressourcen unternommen werden, so etwa die Einflussnahme auf Anforderungen und Aufwandsbestimmung, Vermeidung paralleler Projektarbeit oder Übergang zu evolutionärem Projektmanagement.

– Institutionell erfordert die Bewältigung der Unsicherheit des Strukturwandels weit mehr soziale Sicherheit etwa durch aktive Arbeitsmarktpolitik oder neue Arbeitszeitregelungen mit langfristig ausgeglichenen Zeitkonten.

Zu diesem Kernproblem wissensgesellschaftlicher Entwicklung ist noch viel Forschungs- und Erprobungsarbeit zu leisten.

In neuen Bahnen denken – Wie Unternehmen von der Zusammenarbeit mit externen Kreativschaffenden profitieren können

Celina Proch und Agata Siuda

Die Kreativwirtschaft übernimmt eine Vorreiterrolle auf dem Weg in eine wissensbasierte Ökonomie in Deutschland. Die Kreativszene ist hochgradig innovativ und verwendet bereits heutzutage zukunftsorientierte Arbeits- und Geschäftsmodelle wie hybride Arbeitsmethoden. Unternehmen aus dem nicht-kreativen Sektor könnten profitieren und ihren „Tunnelblick" überwinden, indem sie ihre Innovationsprozesse für externe Anregungen durch Kreativschaffende öffnen. In diesem Beitrag wird darauf eingegangen, inwieweit sich kreative Methoden in Arbeitsprozesse integrieren und als systematische Komponente der Wertschöpfung eines Unternehmens für die Arbeitsumgebungen der Zukunft etablieren lassen. Wie ein solches Konzept funktionieren kann, wird im Folgenden anhand des vom *GründerZentrum Kulturwirtschaft Aachen* ins Leben gerufenen Pilotprojekts *Creative Drive* geschildert.

Kreative Anregungen für Unternehmen – eine Fallstudie

Ein Musiker, ein Tischler, zwei Produkt-, ein Industrie- und ein Graphikdesigner arbeiten gemeinsam an einem Projekt, um Lösungen für ein IT-Unternehmen zu entwickeln. Was auf den ersten Blick nicht zusammenzupassen scheint, könnte zu einem Erfolgskonzept der Unternehmensberatung avancieren: *Creative Drive* basiert auf dem Prinzip, unterschiedliche Akteure aus der Kreativwirtschaft zusammenzubringen und diese in Teams für die Problemlösungen von Unternehmen einzusetzen – in diesem Fall um neue Wege zu finden, die Marke und die Produkte des Unternehmens emotional aufzuladen, und Mitarbeiter zu mehr Innovation anzuregen. Der größte Vorteil eines solchen Kooperationsprojekts ist die Außenperspektive, die externe Kreativschaffende beisteuern. Das Potential interdisziplinärer Gruppen liegt in der konstruktiven Herangehensweise an den kreativen Prozess, der sich von einer künstlerischen Disziplin zur anderen unterscheidet. Jedes Mitglied des Teams ist in einzigartigen und spezifischen Techniken und Strategien bewandert. Diese Methoden werden dann auf einen fachfremden Bereich angewandt, um eine unvoreingenommene Herangehensweise an das Problem zu ermöglichen. Dementsprechend stellen Naivität und fehlende Fachkenntnisse keine Hindernisse dar, sondern bringen einen erwünschten Vorteil mit sich: „Nur so können die eingefahrenen Strukturen nach dem Schema F überwunden werden, um neue Wege einzuschlagen", meint Kai Hennes (Musiker und Mitglied von *CreativeDrive*).

Obwohl die Gruppe für ihr Konzept einen nationalen Innovationspreis gewonnen hat, entschied sich der Kunde in diesem Fall dazu, die Lösungen letztendlich nicht umzusetzen, weil sie ihm zu künstlerisch waren. „Kommunikation ist das Wichtigste überhaupt", sagt Hennes und kommt zu dem Schluss, dass man in einem viel früheren Stadium des kreativen

Prozesses miteinander hätte kommunizieren müssen, um die Visionen und Bedürfnisse des Unternehmens besser zu bedienen.

Schlussfolgerungen für die zukünftige Zusammenarbeit

Für eine erfolgreiche Zusammenarbeit müssen beide Seiten – das Unternehmen ebenso wie die Kreativschaffenden – Kompromisse eingehen. Kreativschaffende müssen dazu bereit sein, ihr kreatives Potential in den Dienst eines Ziels zu stellen, ohne ihre künstlerische Freiheit aufzugeben. Sie müssen so eine gewisse Frische und Innovation bewahren, ohne das Ziel des Kunden aus den Augen zu verlieren. Vor diesem Hintergrund ist es auch von zentraler Bedeutung, dass die Kreativschaffenden in ihrer eigenen ursprünglichen Disziplin tätig sind, damit sie ihre einzigartige Arbeits- und Herangehensweise an das Lösen von Problemen bewahren. Eine Weiterbildung im Bereich Marketing kann zudem ihre Fähigkeit fördern, das Anliegen des Kunden besser nachzuvollziehen.

Unternehmen müssen wiederum dazu bereit sein, gewohnheitsmäßige und unbewusste Handlungsmuster zu ändern. Zum einen müssen sie den Mut aufbringen, sich auf etwas komplett Neues einzulassen, denn nur so können sie ihrem Anspruch gerecht werden, innovativ zu sein. Zum anderen müssen sie sich ihre Probleme und Schwächen eingestehen. Entscheidungsträger müssen sich die Zeit nehmen, ihre Ziele präzise zu formulieren und herauszufinden, wo genau die Probleme liegen. Da Kommunikation für eine erfolgreiche Zusammenarbeit entscheidend ist, sollte es von Seite des Unternehmens einen Ansprechpartner geben, der Kontakt mit den Kreativschaffenden hält. Dieser Vermittler sollte nicht nur die benötigten Informationen zur Verfügung stellen, sondern den Kreativschaffenden auch die Gelegenheit geben, enger mit den Mitarbeitern zusammenzuarbeiten, und ihnen einen tieferen Einblick in das Unternehmen, die vorhandenen Strukturen sowie die Arbeitsabläufe geben. Das würde dabei helfen, die Kreativschaffenden für die sich kontinuierlich entwickelnden Bedürfnisse des Kunden zu sensibilisieren. Diese Erfahrung könnte beispielsweise unterstützt werden, indem den Kreativschaffenden für den Zeitraum der Zusammenarbeit ein Arbeitsplatz im Unternehmen angeboten wird. Für eine erfolgreiche kreative Zusammenarbeit muss zudem ein realistischer Zeitplan vorgegeben sein. Schließlich sollte das Unternehmen auch dazu bereit sein, die Leistungen der Kreativschaffenden angemessen zu vergüten.

Eine erfolgreiche Zusammenarbeit würde sowohl für die Unternehmen als auch für die beteiligten Kreativschaffenden Vorteile bringen: Unternehmen könnten Probleme auf andersartige Weise lösen und eine kreative, freie Denkweise erlernen; Kreativschaffende würden aus ihrer Erfahrung der Zusammenarbeit in einem Team, dessen Mitglieder aus völlig unterschiedlichen Bereichen kommen und individuelle Herangehensweisen an neue Herausforderungen haben, profitieren. Diese Erfahrung könnte viele Vorteile für ihre eigene Arbeit mit sich bringen.

Langfristig würde die Einbeziehung kreativer Fachleute in Geschäftsvorgänge im gesamten Unternehmen eine innovative Atmosphäre schaffen und die Unternehmenskultur in eine sehr vorteilhafte Richtung lenken. Das Generieren von Innovation wird in Zukunft an Bedeutung gewinnen; diese Art der Zusammenarbeit kann dazu beitragen, dieses Ziel zu erreichen.

In einem ersten Schritt in diese Richtung muss zunächst ein öffentliches Bewusstsein über die Möglichkeiten einer solchen Zusammenarbeit zwischen Unternehmen und Kreativschaffenden geschaffen werden. Die nächste Herausforderung liegt darin, eine Infrastruktur aufzubauen, um unter Unternehmen und Kreativschaffenden geeignete Partner ausfindig machen zu können und diese miteinander in Kontakt zu bringen. Das Internet und Foren, auf denen

Kreativschaffende ihre Fachgebiete angeben und Unternehmen ihre Probleme beschreiben können, können dabei helfen, die beiden Seiten zusammenzubringen. Wenn es gelingt die strukturellen Rahmenbedingungen zu schaffen, wird die Zukunft möglicherweise durch eine zunehmend fruchtbare Zusammenarbeit geprägt sein, durch die viele Branchen von kreativen Anregungen profitieren könnten.

Der Star des Unternehmens – Das Unternehmen als Star

Martin Kamprath

In den letzten Jahren hat die Kreativwirtschaft als wichtige Säule der wirtschaftlichen Entwicklung enorm an Bedeutung gewonnen. Die Kreativwirtschaft fungiert dabei als Katalysator, der direkt oder indirekt das Innovationssystem bezüglich der Verbreitung neuer Technologien in der Gesamtwirtschaft stimuliert. Dies hat sich vor allem durch die allgemeine Entwicklung verstärkt, dass Technologie an sich nicht mehr als alleinige Voraussetzung für eine Innovation gilt. Betrachten wir die Erfolgsgeschichten von Apple, Samsung, Google und weiteren „user-experience"-getriebenen Unternehmen, feiern diese nicht in erster Linie Innovationserfolge durch technologische Neuentwicklungen, sondern weil sie den Konsumenten Produkte/Service anbieten, welche über den funktionalen Wert hinaus dem Kunden eine emotionale Bedeutung bzw. eine kulturelle Symbolik anbietet (z.B. durch Design und den Aufbau von „Brands"). Kunden kaufen nicht nur Apple-Produkte, weil sie telefonieren oder im Internet surfen wollen, sondern weil sie sich zugehörig zu einer bestimmten gesellschaftlichen Gruppe oder einem Lifestyle bekennen. Die Kreation dieser emotionalen Realitätswelten wird als Kernkompetenz von Unternehmen der Kreativwirtschaft gesehen.

Die Schaffung solcher emotionalen Realitäten wird als eine Kernkompetenz von Unternehmen der Kreativwirtschaft angesehen. In dieser hier vorgestellten Zukunftsvision wird die zunehmende Bedeutung dieser symbolischen Kreation die Ausgangsbasis dafür sein, wie sich die Arbeit in und mit Unternehmen ändert, die Innovation nicht nur auf technischer Ebene begreifen. Angesichts der zunehmenden Bedeutung solcher symbolischen Wertschöpfung bei Innovationen, bietet das Konzept von Unternehmensstars (Corporate Celebrities) eine interessante Zukunftsvision, die ein anderes Verständnis nahe legt, welche Rolle Unternehmen und Mitarbeiter bei dieser wichtiger werdenden Symbolkreation spielen werden.

Stars schaffen Aufmerksamkeit und suggerieren Erfolg

Stars sind Personen, die sich durch öffentliche Aufmerksamkeit einen enormen Ruf erworben haben. Stars weisen ein Talent, viel Energie und „Drive" auf. Oft sind sie „Gewinner", haben eine starke Präsenz in den Medien und sind teilweise „bekannt, weil sie bekannt sind". Manchmal äußert sich ihr Talent nicht in einzigartigen Fähigkeiten, sondern vielmehr durch die Persönlichkeit oder den Lifestyle, der durch sie geprägt wird. Stars stehen als Symbole oder Ikonen für eine bestimmte Lebensweise; als jemanden, den man bewundert oder verabscheut für das, was er tut, wie er es tut oder wie er Dinge sieht. Anders ausgedrückt bekommen Stars öffentliche Aufmerksamkeit, weil ihr Auftritt eine emotionale Reaktion hervorruft. In der Kreativwirtschaft finden sich Stars nicht nur vor der Kamera. Das Star-System funktioniert auch im Hintergrund. Star-Architekten, Star-Designer, Star-Regisseure und -Filmproduzenten, Bestseller-Autoren, Modezaren – sie alle stehen für den potentiellen Erfolg in einer Umgebung, in der Erfolg kaum vorhersehbar und von kurzer Dauer ist. Das implizite Wissen dieser hoch kreativen Arbeit und die enorme Bedeutung des Rufes und des

Status einzelner Personen sind oft die einzigen Indikatoren, anhand derer sich das Ergebnis eines Projekts abschätzen lässt (das „Nobody knows anything"-Paradigma). Durch die zunehmende Medienberichterstattung, neue Formen der Unternehmenskommunikation und Veränderungen im Medienkonsum lässt sich das Star-Konzept sowohl auf andere Branchen als auch auf die Ebene des Unternehmens übertragen. Einige Unternehmen erhalten durch die Medien ebenso viel Aufmerksamkeit wie Stars. Unternehmen im Bereich der Medien, der Informations- und Kommunikationstechnologie oder des Internets haben mittlerweile Ikonenstatus, weil sie den Lebensstil von Millionen von Menschen prägen. Für die Zukunft lässt sich eine Verstärkung dieser Tendenz vorhersagen. Während früher Stars aus Film und Sport genutzt wurden, um durch Werbung eine Unternehmensmarke kurzzeitig emotional aufzuladen, wird in Zukunft der Star-Status des Unternehmens selbst oder einiger Mitarbeiter zur Antriebskraft zur Verbreitung von Innovation werden. Wenn einzelne Jobpositionen keine klare Arbeitsbeschreibung mehr haben, sondern Kompetenzbündel voraussetzen, wenn durch das Internet und soziale Netzwerke Informationen über den Einzelnen immer leichter zu finden sind, wenn sichtbar wird, welche Individuen eigentlich hinter Unternehmensmarken stehen und damit eine nie zuvor da gewesene Transparenz einsetzt, wenn die Prägung von Symbolen und Lifestyle als Teil der Innovation gesehen wird, dann rücken einzelne Personen mit besonderen Fähigkeiten in den Mittelpunkt. War früher oftmals der CEO das personifizierte Bild eines Unternehmens nach außen, werden in Zukunft die darunter liegenden Ebenen ebenso transparent. Das Individuum innerhalb der Firma wird stärker sichtbar. Die mit der Personifizierung einhergehende Transparenz öffnet das Unternehmen als Black Box für Außenstehende. Personen können durch das, was sie von anderen abhebt, zum Vorbild und damit zu einer eigenen Marke werden. Sie werden dann zu den Stars des Unternehmens, so wie es sich heute in der Kreativwirtschaft abzeichnet. Unternehmen werden sich dieser Aufmerksamkeit für „ihre" Stars bedienen, weil sie als personifizierte Symbole den medialen Hunger nach hervorgehobenen Extremen und damit erzählbaren Geschichten stillen und emotionale Resonanz erzeugen. Auf diese Weise gehen Reputation und Marke des Unternehmens mit denen der Unternehmensstars eine Symbiose ein. Star und Unternehmen verschmelzen in der Wahrnehmung miteinander.

Stars als Katalysator für die Verbreitung radikaler Innovationen

Mit dem Status als Star konfrontiert zu sein, wird in Unternehmen ein anderes Bewusstsein dafür schaffen, wie mit der öffentlichen Aufmerksamkeit und dem Status als Star umzugehen ist. Grundsätzlich wird der Star-Status die Fähigkeit Innovationen zu verbreiten beeinflussen. In Bezug auf die Diffusion von Innovationen besteht der Vorteil des Stars darin, dass die Gesellschaft ein unkonventionelles Verhalten des Stars akzeptiert, sich über erwartungskonforme Normen hinwegzusetzen, was die Möglichkeiten eröffnet, Radikales auszuprobieren ohne dafür sanktioniert zu werden. Daher können Stars als Katalysatoren für die Einführung oder Verbreitung radikaler Innovationen dienen. Aber der Star-Status birgt auch Risiken: Er ist eine intangible und extrem flüchtige Ressource. Bedingt durch ihre Persönlichkeit sind Stars antriebsstark, rastlos und anders. Stars als Personen werden schwer dauerhaft an ein Unternehmen zu binden sein. Sie werden sich nur Projekte oder Wirkungsstätten aussuchen, deren Ziele und Rahmenbedingungen zu dem passen, was sie bzw. ihre Marke verkörpert. Somit trägt eine Symbiose zwischen Star und Starunternehmen einen zerstörerischen Kern in sich, wenn sich beide Marken entwachsen. Andererseits zieht der Star-Status neue Talente an. In der Kreativwirtschaft und in Bereichen, in denen es stark um individuelle Kompetenzen und Ungewissheit über das Endprodukt geht, arbeiten Teammitglieder kostenlos oder unterbezahlt, nur um aus der Zusammenarbeit mit einem Star-Architekten oder Regisseur Reputation für die eigene „Brand" zu ziehen und um für ein folgendes Projekt eine bessere eigene Ausgangsbasis zu haben.

Auch wenn der Star-Status eine intangible und damit riskante Ressourcen ist, ruft er bei Kunden und Mitarbeitern doch eine emotionale Anteilnahme hervor, die Aufmerksamkeit für Neues weckt. Stars sind damit Leuchttürme und Orientierungspunkte in einer für den Endkonsumenten komplexer werdenden und facettenreichen Welt.

Wie man in einer unvorhersehbaren und turbulenten Umgebung als Unternehmen Vertrauen aufbaut

Kirsimarja Blomqvist

In diesem Artikel werden traditionelle Quellen des Vertrauens in Unternehmen kritisch untersucht und Methoden zum Aufbau von Vertrauen in unvorhersehbaren und turbulenten Umgebungen besprochen. Vertrauen wird sowohl von Wissenschaftlern als auch von Leuten aus der Praxis als wertvolle Ressource höherer Ordnung angesehen, die Unternehmen unterstützt. Vertrauen wird im Grunde als entscheidende Voraussetzung für eine wirksame Kommunikation und Zusammenarbeit betrachtet. Vertrauen ermöglicht es, sich auf andere zu verlassen, wertvolle Informationen preiszugeben und Fachwissen und verstreutes Wissen miteinander zu kombinieren. In heutigen Unternehmen kann Vertrauen als entscheidende Ressource betrachtet werden, die es Individuen erlaubt, zu handeln und ihre Aufgaben effizient und wirksam auszuführen. Allerdings ist das Maß an Vertrauen in Unternehmen durch die globale sozioökonomische Krise und die daraus folgenden Entlassungen, virtuelle und temporäre Strukturen und stetige technologische und organisatorische Veränderungen gesunken. Der sogenannte psychologische Vertrag über die gegenseitigen Erwartungen von engagierten Mitarbeitern und Unternehmen, die eine langfristige Arbeitsstelle anbieten, wurde gebrochen, und viele Arbeitnehmer können und wollen großen Unternehmen kein Vertrauen mehr schenken.

Vertrauen in ein Unternehmen aufzubauen und aufrechtzuerhalten, ist keineswegs einfach. Die Kommunikation mit und das Verhalten von Vorgesetzten sind immer entscheidende Quellen des persönlichen Vertrauens in ein Unternehmen. Organisatorische Abläufe und Strukturen sowie das Verhalten der Unternehmensleitung bauen fachliches Vertrauen in Unternehmen auf. Persönliches und fachliches Vertrauen ergänzen sich und führen zusammen zu einem stärkeren Vertrauen. Im Folgenden werden einige Methoden zur Förderung von Vertrauen in ein Unternehmen in unvorhersehbaren und ungewissen Umgebunden besprochen.

Berechenbarkeit

Früher konnten bürokratische Unternehmen, die in einem stabilen Umfeld agierten, Vertrauen durch Berechenbarkeit aufbauen. In einem dynamischen Umfeld ist dies aufgrund ständiger organisatorischer, technologischer und gesellschaftspolitischer Veränderungen nicht mehr möglich. Es gibt jedoch einige Quellen der Vorhersehbarkeit, auf die sich Unternehmen verlassen und auf denen sie aufbauen können. So können beispielsweise eine Integrationsstrategie, transparente organisatorische Entscheidungsprozesse und Verfahren im Personalmanagement für etwas Berechenbarkeit sorgen und so als Quelle für fachliches Vertrauen in Unternehmen dienen. Sie können besonders dann wichtig sein, wenn eine nur schwache und anfällige persönliche Vertrauensbindung besteht, beispielsweise bei einem neuen Vorgesetzten, wenn Vorgesetzte von zuhause aus arbeiten oder weniger Engagement und Zeit für persönliche Gespräche in ihrer Rolle als Vorgesetzte haben.

Identifizierung

Unternehmen, die strategische und betriebliche Flexibilität anstreben, organisieren Arbeit zunehmend mithilfe von Zeitarbeitern und externen Partnern. Dies führt zu einer Situation, in der Mitarbeiter keine gemeinsam erlebte Vorgeschichte oder sozialen Gemeinsamkeiten haben. Unternehmen versuchen außerdem, verstreutes Wissen und Kompetenzen effizient über Unternehmensgrenzen hinweg zu nutzen, indem sie Kompetenzzentren einrichten, die Fachleute für verschiedene zeitlich begrenzte Projekte zur Verfügung stellen. In den heutigen Unternehmen kann *Identifizierung*, eine traditionelle Quelle für Vertrauen in Unternehmen, nicht mehr auf einer gemeinsamen Vergangenheit, sozialen Gemeinsamkeiten oder Nähe aufbauen. Diese Art der Identifizierung könnte für Unternehmen, die versuchen, verstreutes Wissen effektiv einzusetzen, sogar von Nachteil sein. Stattdessen können Unternehmen versuchen, Identifizierung auf Grundlage einer gemeinsamen Vision und einer gemeinsamen Zukunft aufzubauen, wenn es ihnen gelingt, eine Integrationskultur und eine inspirierende Zukunft zu schaffen, an denen Mitarbeiter teilhaben können.

Förderung und Belohnung von Fähigkeiten

Ein *auf Fähigkeiten basierendes Vertrauen* bildet eine starke Basis für Vertrauen in ein Unternehmen. Wenn Mitarbeiter wissen, dass ein Unternehmen ein gerechtes und verlässliches Einstellungsverfahren hat und nur fähige Personen eingestellt und belohnt werden, ist dies eine starke Basis für Vertrauen in das Unternehmen. In turbulenten Zeiten muss nicht nur lebenslanges Lernen aktiv gefördert werden, sondern auch das Verlernen des Unternehmens, wenn Fähigkeiten und Kenntnisse nicht ausreichend vorhanden oder für die aktuellen umgebungsbedingten Anforderungen sogar von Nachteil sind. So sind Nepotismus und die Nutzung von exklusivem Sozialkapital im heutigen betrieblichen Umfeld nicht akzeptabel. Stattdessen fordert es den Einsatz der besten Talente und Ideen und die Anwendung der höchsten ethischen Werte.

Positive Absicht

Positive Absichten bauen Vertrauen in ein Unternehmen auf, wenn die Unternehmensleitung und Vorgesetzte sich bemühen, ihre Werte, Beweggründe und Ziele offen zu kommunizieren. Das erfordert Ehrlichkeit und gute Kommunikationsfähigkeiten. Wenn die Unternehmensleitung als glaubwürdig beurteilt wird und mit ihren positiven Organisationszielen überzeugt, werden auch schwierige Entscheidungen wie Kosteneinsparungen und Entlassungen von Mitarbeitern leichter akzeptiert. Gerade bei solchen schwierigen Entscheidungen fördern Fairness und Transparenz des Entscheidungsprozesses das Vertrauen der Mitarbeiter.

Positiver Affekt

Die Bereitschaft und Fähigkeit, kontinuierliche Veränderung als Chance zu sehen und nicht als Risiko, setzt ein Unternehmensklima mit positivem Affekt voraus. Tätigkeiten, die Kreativität und Problemlösung im Team erfordern, setzen ebenfalls ein affektbasiertes Vertrauen der Mitarbeiter voraus, damit diese bereit sind, persönliches und implizites Wissen zu teilen. Ein von positivem Affekt geprägtes Klima kann durch ein aufmerksames Verhalten gefördert werden, beispielsweise indem man sich grüßt, sich bedankt, kleine alltägliche Erfolge feiert, etwa den pünktlichen Abschluss eines Projekts, und öffentlich Anerkennung für Mitarbeiter zeigt, die anderen geholfen, sich weitergebildet oder sich im Unternehmen ganz besonders engagiert haben. Darüber hinaus können Aufmerksamkeit, Respekt und auch Humor zu einem vertrauensfördernden positiven Affekt beitragen.

Auswirkungen auf die Arbeitsgestaltung

Es wurde argumentiert, dass verschiedene Arbeitsaufgaben auf unterschiedliche Weise Vertrauen voraussetzen. Je komplexer und impliziter das Wissen und je stärker die Mitarbeiter voneinander abhängig sind, desto größer ist das Bedürfnis nach Vertrauen. Zunehmend komplexe und nicht klar definierte Arbeitsaufgaben, die von Fachleuten in Teams ausgeführt werden, setzen voraus, dass durch ergänzende Mittel ein starkes Vertrauen aufgebaut wird, beispielsweise durch die Förderung des auf Fähigkeiten, Identifizierung und Affekt basierenden Vertrauens in das Unternehmen. Je höher die Geschwindigkeit der Veränderungen, desto größer ist außerdem die Bedeutung der Identifizierung und der Absicht beim Kommunizieren der gemeinsamen Vision, das Vertrauen und das Engagement der Mitarbeiter zu fördern. Um es mit den Worten einer äußerst erfolgreichen Führungspersönlichkeit zu sagen: Wenn man eine gemeinsame Vision aufbauen kann, kann man außergewöhnliches Engagement freisetzen.

Virtuelle Arbeit

Virtuelle Arbeit 3.0: Die Weiterentwicklung der heutigen sozialen Medien

Eilif Trondsen

Dank exponentieller technologischer Veränderungen werden wir bis zum Jahr 2020 über sehr viel wirksamere Methoden verfügen, global verteilte Arbeit auszuführen und zu verwalten. Diese Veränderungen könnten weit über die aktuellen Möglichkeiten des „2D Web" hinausgehen. In den nächsten drei bis vier Jahren wird sich ein zunehmender Wettbewerb zwischen Apps und dem Internet bzw. zwischen dem „geschlossenen, gesteuerten und hoch integrierten", von Apple angeführten Ökosystem und dem offeneren, auf Auswahl basierenden Ökosystem, das von Google und seiner wachsenden Anzahl an Partnern angeführt wird, entwickeln. Eine weitere Entwicklung, die die meisten Beobachter der heutigen Technologielandschaft noch nicht erkannt haben, ist jedoch das Aufkommen browserbasierter immersiver 3D-Umgebungen (zu deren Entwicklung Google durch seinen Chrome Browser beiträgt, der WebGL integrieren und sich HTML5 und andere entstehende Technologien zunutze machen wird).

Welche Vorteile werden diese Entwicklungen für uns haben? Und wie wirken sie sich darauf aus, wie Arbeit ausgeführt werden kann und wird? Die Antwort hängt zum Teil davon ab, wie schnell die entstehenden Technologien eine Lösung für zwei grundlegende Schwächen der heutigen immersiven Umgebungen finden werden: Den umständlichen Zugang (bei dem man zuerst einen Heavy Client herunterladen und anschließend lernen muss, mit der Benutzeroberfläche umzugehen, um einen Avatar, einen digitalen Stellvertreter, zu erstellen) und das anschließende Erlernen der für die meisten Nutzer nicht intuitiven Navigation durch die 3D-Umgebung. Diese Schwächen – und es gibt noch mehr – erklären zumindest zu einem gewissen Grad, warum immersive Umgebungen nicht so weit verbreitet sind, wie viele Beobachter dies Mitte der 2000er Jahre erwartet hatten.

Virtuelle Arbeit im Jahr 2020

Dies ist ein mögliches Szenario dafür, wie unsere virtuelle Arbeitsumgebung im Jahr 2020 aussehen könnte:

Ich bin selbstständiger Unternehmer mit einem Büro in einem ansprechenden Bungalow auf einer Pazifikinsel – alles virtuell in einer immersiven Umgebung. Ich habe einem 3D-Bauunternehmer, der mein Haus mit einer kostenlosen Open Source-Plattform und kostenlosen Tools gebaut hat, einige hundert Dollar gezahlt. Die Insel gehört einem Unternehmer, der einige virtuelle Häuser und Büros eingerichtet hat und verwaltet, und der Anwohnern verschiedene Unternehmensdienstleistungen anbietet.

Wenn ich an einem Projekt arbeite, verschicke ich eine Besprechungseinladung einschließlich einer URL, auf die Mitglieder des Teams klicken, wodurch sie sofort in meinen sehr schönen und luxuriösen Konferenzraum teleportiert werden, in dem jeder durch einen Avatar vertreten wird. Die anderen

Mitglieder des Teams konnten alle in kürzester Zeit ihren eigenen Avatar erstellen, und niemand musste lernen, wie man in der Umgebung navigiert, da sie inzwischen eine gestische Benutzeroberfläche verwenden, welche die neue immersive Umgebung mithilfe der Kinect-Technologie von Microsoft erstellt hat, die im Herbst 2010 eingeführt wurde. Das Gesicht meines Avatars spiegelt jetzt auch meine Gefühle wieder, wenn ich mit anderen virtuellen Teammitgliedern interagiere, so dass diese in unserer Kommunikation während der Sitzung verschiedene non-verbale Signale erhalten.

In meinem eindrucksvollen Konferenzraum befindet sich auch eine Reihe anderer Tools, die eine effektivere Zusammenarbeit mit Teammitgliedern in aller Welt erlauben als dies früher möglich war. Dazu gehören:

- Ein virtuelles Videokonferenzsystem
- Ein interaktives gemeinsames Echtzeit-Liveboard für Brainstorming
- Interaktive Google Docs-Dokumente, die auf großen Bildschirmen angezeigt werden können.

Für eines unserer letzten Projekte mussten wir einen Prototyp für ein neues und bahnbrechendes Bauteil eines neuen Nanoroboters entwickeln. Unser koreanischer Designer und der norwegische Ingenieur teleportierten sich beide in die Besprechung, und wir erschufen ein 3D-Modell des Gerätes im 10.000-fach vergrößerten Maßstab des tatsächlichen Bauteils des Gerätes. Dadurch konnten wir das Bauteil von innen betrachten und uns seinen komplexen Schaltkreis ansehen, um sicherzustellen, dass es den Spezifikationen entsprach.

Ich finde, dass ich zu einem sehr günstigen Preis über einen wunderbaren und sehr zweckmäßigen „Heimarbeitsplatz" verfüge – mit einer Ausstattung und Umgebung, die ich im wirklichen Leben nicht nachbauen könnte – durch den meine Arbeit nun sehr viel angenehmer geworden ist.

Eine Arbeitsumgebung, wie sie in diesem Szenario beschrieben wurde, wird Individuen wie Unternehmen neue Chancen eröffnen. Die immersive Umgebung wird es ermöglichen, Vertrauen zwischen den in aller Welt verstreuten Mitarbeitern aufzubauen und schnell besonders vielseitige globale Teams zusammenzustellen und dadurch auf Talente weltweit zurückzugreifen.

Auch großen Unternehmen bieten sich erhebliche Vorteile. Im Jahr 2010 nutzte BP immersive Umgebungen, um bereichsübergreifende Teams in Führungskompetenzen zu schulen, und viele andere Unternehmen testeten ungefähr zur selben Zeit verschiedene Anwendungsmöglichkeiten immersiver Umgebungen. 2020 werden alle großen Unternehmen immersive Umgebungen kosteneffizient in ihrer täglichen Arbeit nutzen.

Keine Chancen sind frei von potentiellen Risiken. Mitarbeiter würden mit Frustration, verlorener Zeit und verschwendeten Kosten konfrontiert, wenn Unternehmen immersive Umgebungen nicht in geeigneter Weise gestalten und umsetzen. Ein weiteres potentielles Risiko ist eine übermäßige Abhängigkeit von virtuellen Technologien, wenn die Fähigkeit von Mitarbeitern abnimmt, mit herkömmlichen Umgebungen umzugehen.

Auswirkungen auf die Arbeitsgestaltung

Das Entstehen immersiver Umgebungen, die sehr viel einfacher zugänglich und leichter zu bedienen sind als die derzeitigen Technologieplattformen, wird Individuen und Unternehmen neue Möglichkeiten eröffnen. Hier sind einige Auswirkungen, die diese Entwicklung auf die Arbeitsgestaltung haben wird:
- Mehr Freiheit und Möglichkeiten für globalisierte Arbeitsteams und die Zusammensetzung dieser Teams.
- Mehr globale, synchrone Arbeit wird aufgrund der verschiedenen Zeitzonen neue Herausforderungen mit sich bringen.

– Arbeit und soziale Interaktion und Freizeit – sofern sie vollständig virtuell sind – sind besser miteinander zu vereinen.
– Mehr Arbeitszufriedenheit, sofern immersive Umgebungen richtig organisiert und verwaltet werden.

Mein Arbeitsplatz wird mobil – und ist es bereits

Uwe Hauck

Wenn ich darüber nachdenke, wie ich in Zukunft arbeiten möchte, und mir meine Arbeitsmittel und meinen Arbeitsplatz heute ansehe, komme ich zu dem Schluss, dass wir endlich einen Punkt erreicht haben, an dem es keine technologischen Hürden mehr gibt, die uns daran hindern, zu arbeiten wo immer und wann immer wir wollen. Zwei Schlüsseltechnologien bilden die Grundlage für den Übergang zu einer Arbeitsumgebung, die sich an Ergebnissen orientiert anstatt an der Anwesenheit an einem bestimmten physischen Ort. Zum einen können Dienstleistungen dank Breitbandzugang über Mobilgeräte, zuhause und am Arbeitsplatz unabhängig davon, wo wir uns befinden, erbracht werden. Zum anderen werden Mobilgeräte immer leistungsstärker, so dass wir alle notwendigen Aufgaben unterwegs erledigen können.

Koordinierung des Lebens in der Cloud

In meinen Augen ermöglicht es uns die Cloud, die nichts anderes ist als ein anderer metaphorischer Name für das Internet, das Web endlich sowohl als Informationsquelle als auch als globales Speichersystem zu nutzen. Ich persönlich nutze die Service-Infrastruktur von Google ausgiebig. Angefangen mit Google Docs kommuniziere ich mit Google Chat und Google Hangouts, nutze Google Calendar und Google Mail und koordiniere auf diese Weise sowohl mein Privat- als auch mein Berufsleben in der Cloud.

Das hat zwei zentrale Vorteile. Zum einen muss ich kein Gerät manuell synchronisieren, wenn ich am PC arbeite. Alle Daten befinden sich in der Cloud und werden permanent vom Server auf mein Gerät übertragen. Und indem ich ausgewählten Kollegen den Zugang zu bestimmten Dokumenten gewähre, kann ich mit Partnern an Entwürfen für Dokumente arbeiten oder in einer Art Online-Brainstorming neue Ideen und Konzepte entwickeln.

Meine persönliche Hardware-Infrastruktur besteht lediglich aus drei Geräten. Erstens ist das Smartphone meine grundlegende Kommunikationsplattform für herkömmliche Telefonate und SMS. Messenger-Dienste wie Google Chat oder MSN haben Textnachrichten für mich jedoch bereits überflüssig gemacht. Zweitens benutze ich vor allem des Komforts wegen ein Tablet, um im Internet zu surfen und von unterwegs zu bloggen, ohne meinen ganzen Kram auspacken zu müssen. Es gibt mir die Freiheit, zu schreiben, zu recherchieren und ja, es ist auch mein Lieblingsformat für Unterhaltung, wenn ich unterwegs bin.

Schließlich gibt es noch mein Notebook, das außerdem einen Schreibtischcomputer zuhause ersetzt. Unterwegs ist es meine ausgewachsene Blogging- und Arbeitsplattform, die meine Präsentationen abspielt und es mir ermöglicht, zu arbeiten, als säße ich im Büro. Zuhause verwandelt es sich mit einem großen Flachbildschirm, einer Tastatur und einer Maus in meinen Schreibtischcomputer mit allen Annehmlichkeiten, die man sich wünschen kann.

Integrierte Arbeitsplattformen der Zukunft

Wir sprechen jedoch immer noch von mehreren Geräten. Das führt mich zu der folgenden Vision einer zukünftigen Umgebung. Ich gehe davon aus, dass diese recht unterschiedlichen Plattformen zu einer einzigen oder maximal zwei Plattformen kombiniert werden, mit der/denen wir unsere gesamte Arbeit erledigen können. Wir werden sehen, wie sich der Formfaktor des Tablets, des Notebooks und des Ultrabooks in Zukunft in einem Gerät vereinen. Dieses Gerät wird es uns ermöglichen, mit dem Display zu arbeiten, als wäre es ein Tablet, es aber auch als Monitor für das Ultra-/Notebook zu verwenden, das es ebenfalls in sich birgt.

Und bei der Auslieferung werden bereit alle Cloud-Dienste installiert sein. Ich stelle mir vor, dass die Diskussion über das richtige Betriebssystem früher oder später obsolet wird. Wenn es immer mehr unserer Tools und Apps und ja, auch unserer Spiele, in die Cloud zieht, ist es uns ziemlich egal, mit welchem Betriebssystem wir auf unsere persönliche Cloud zugreifen können. Vielleicht werden wir in Zukunft sogar mit einem einzigen Gerät arbeiten, einer Art Superphone, von dem uns das zurzeit erhältliche Samsung Galaxy Note nur einen vagen Eindruck vermittelt. Dieses neue Telefon wird sich an jeden beliebigen Bildschirm anschließen lassen.

Diese zukünftige Umgebung führt eine Diskussion über gesellschaftliche Auswirkungen und Datensicherheit mit sich. Wir müssen also auf einige Aspekte dieser zukünftigen Umgebung eingehen. Zum einen auf die gesellschaftlichen Auswirkungen, die in Marc Paczians Artikel über die gesellschaftlichen Auswirkungen der neuen Arten mobiler und flexibler Arbeit eine zentrale Rolle spielen. Und zum anderen müssen wir Aspekte wie die Datensicherheit neu überdenken, wenn wir mehr Dokumente im Internet teilen und mit Tools, die ähnlich funktionieren wie soziale Medien, gemeinsam an ihnen arbeiten.

Ich bin nicht sicher, ob wir bereits über die richtigen Arbeitsmittel für diese neue Art der Zusammenarbeit verfügen, da sich das Private und das Öffentliche, das Vertrauliche und das Offene stets mischen. Möglicherweise benötigen wir eine zweite Infrastruktur für unsere Unternehmen, die auf den Technologien aufbaut, die wir bereits kennen, in der man jedoch in einer privaten Cloud arbeitet. Diese neue Infrastruktur würde auf den Servern der IT-Abteilung unseres Arbeitgebers liegen aber dennoch von überall in der Cloud zugänglich sein. Wir müssen die Vermischung erkennen, mit der wir es zu tun haben, die Grenzen zwischen der privaten/persönlichen Nutzung von Informationstechnologie und Infrastruktur und der öffentlichen Nutzung, und Strategien einführen, um vertrauliche Daten vor dem Zugriff der Öffentlichkeit zu schützen – und all das, ohne zwangsläufig zwei verschiedene Netzwerke einzuführen.

Virtualisierung der Arbeit

Im Hinblick auf die Virtualisierung glaube ich, dass wir es mit immer mehr virtuellen Arbeitsumgebungen zu tun haben werden, die nicht öffentlich zugänglich sind und von der IT-Abteilung kontrolliert werden, die den Zugriff auf sensible Daten erlaubt, indem sie diese vom eigentlichen Betriebssystem unseres Mobilgerätes trennt, um den Zugang zu beschränken. Es wird so sein, als verwendeten wir zwei Computer, einen für sensible Daten und einen zum alltäglichen Chatten und Arbeiten im Internet. Möglicherweise wird es bestimmte Zugangspunkte für den Austausch von Daten geben, aber in den sichersten Umgebungen wird das Mobilgerät lediglich als Anzeigemedium für die Daten dienen, die auf den Servern der IT-Abteilung sicher verarbeitet werden.

Um meinen Ausflug in die Zukunft der mobilen Welt abzuschließen: Ich halte mich selbst an das, was ich sage. Ich nutze Cloud-Dienste bereits ausgiebig und arbeite auf mehreren Betriebssystemen, ohne wirklich einen Unterschied zu bemerken. Und zumindest mir haben all diese Technologien die Arbeit erleichtert und sie unabhängiger und sicherer gemacht, so dass alles, was ich brauche, auch immer auf meinem „großen gewagten Netzwerkcomputer namens Internet" verfügbar ist.

Aber wie ich bereits sagte: Während sich unsere Arbeitsweise durch Technologie verändert, sollten wir den Aspekt der gesellschaftlichen Auswirkungen nicht übersehen. Die Herausforderung, vor der wir heute stehen, hat nichts mit den verfügbaren Technologien zu tun. Die Herausforderung liegt darin, ob wir als Gesellschaft neue Regelungen für die Arbeitsumgebung der Zukunft einführen können.

Wir verändern uns – Wie steht es mit der Arbeit?

Marc Paczian

Wie Uwe Hauck in seinem Beitrag aus einer technologischen Perspektive beschreibt, sind alle Instrumente, die für eine neue Arbeitsweise, den Arbeitsplatz der Zukunft, benötigt werden, bereits vorhanden. Allerdings sehe ich aus einer kulturellen Perspektive, dass es noch ein langer Weg ist, bis wir denselben Reifegrad erreicht haben werden.

Zwei zentrale Tendenzen

Der Status quo verändert sich, und er verändert sich schnell. Aktuelle Studien zeigen, dass es zwei Tendenzen gibt, die unsere Arbeitsweisen direkt beeinflussen. Zum einen arbeiten Menschen später (nach 18 Uhr) und am Wochenende. Da sich die Gesamtarbeitszeit nicht entsprechend verlängert hat, komme ich zu dem Schluss, dass immer mehr Menschen flexible Arbeitszeitmodelle benötigen. Wir begreifen, dass es auf das Ergebnis ankommt, nicht auf die Zeit, die man gebraucht hat, um dieses Ergebnis zu erreichen.

Die zweite Tendenz ist, dass immer mehr Menschen „höher qualifizierte" Arbeit verrichten, also Wissensarbeiter sind. Ihre Einstellung zu Zusammenarbeit, Arbeitsmethoden und Technologien hat sich bereits stark gewandelt und wird in Zukunft noch vielfältiger und verbindlicher sein. Bisher kann ich noch nicht sehen, dass sich dieser Wandel in vielen Unternehmen vollzieht. Mehr als 50% der großen Unternehmen verbieten die Nutzung externer sozialer Netzwerke und bieten bisher keine angemessenen internen Alternativen an.

Diese beiden Tendenzen werden noch stärker werden und deutliche Auswirkungen auf die Arbeit selbst haben. Die heutige Wirtschaft wird zunehmend von Innovation und Wandel angetrieben – die sich beide extrem schnell entwickeln. Neue Produkte müssen immer schneller auf den Markt gebracht werden, zumindest schneller als die der Konkurrenz. Wir müssen uns die Frage stellen: Welche Art von Arbeitsumgebung brauchen wir, um die bestmöglichen Ergebnisse zu erzielen?

Eines ist klar: Man kann Innovation und Wandel nicht mit einem kleinen Schalter im Gehirn anknipsen. Versucht man, Mitarbeiter dazu zu zwingen, kreativ zu sein, wird man scheitern. Versucht man, Mitarbeiter dazu zu zwingen, sich zu verändern, wird man scheitern. Man erhält entweder schlechte Ergebnisse oder, noch schlimmer, verliert den Mitarbeiter an die Konkurrenz. Was Menschen wirklich motiviert, ist die Freiheit, ihre eigenen Entscheidungen zu treffen. Die stärkste Demotivation hingegen ist Kontrolle. Gibt man Mitarbeitern die Freiheit, kreativ zu sein, dann werden sie auch kreativ sein. Wenn man ihnen erklärt, warum Veränderungen notwendig sind, werden sie sich verändern.

In Zukunft werden Unternehmen, vor allem große Konzerne, die Bedürfnisse und Wünsche ihrer Mitarbeiter viel stärker berücksichtigen müssen als bisher. Dazu müssen sie diese Bedürfnisse und Wünsche vor allem erst einmal kennen. Ich würde gerne zwei sehr konkrete Dinge hervorheben, denen ich oft begegne.

Wann müssen wir arbeiten?

Wenn ich mich selbst beobachte, kann ich immer weniger unterscheiden, ob das, was ich gerade mache, Arbeit oder Freizeit ist. Ich sehe regelmäßig nach, was es neues auf Twitter gibt, wo ich einigen meiner Freunde aber auch Kollegen, Kunden und Konkurrenten folge. Ich tue dies häufig auch am Abend und am Wochenende. Ist das Arbeit oder Freizeit? Alle Arbeitnehmer in Deutschland können dazu verpflichtet werden, ihre Arbeitszeit zu dokumentieren, und viele Unternehmen erwarten dies von ihnen. Wie soll man seine Arbeitszeit dokumentieren, wenn man nicht sagen kann, ob das, was man gerade macht, Arbeit oder Freizeit ist?

Es gibt einige Gründe, warum es sinnvoll sein kann, seine Arbeitszeit zu dokumentieren, z.B. zur Selbstkontrolle, bevor man beispielsweise an Burnout erkrankt. Ich glaube jedoch, dass man die Anzeichen rechtzeitig erkennt, wenn die Arbeit selbst befriedigend und selbstbestimmt ist.

In Zukunft werden Unternehmen Wege finden müssen, es ihren Mitarbeitern zu ermöglichen, zu arbeiten wann und wie sie wollen. Es wird nicht mehr auf physische Präsenz ankommen, sondern auf hervorragende Ergebnisse. Der Arbeitsort wird nicht mehr wichtig sein – ob man sich nun in den Räumlichkeiten eines Unternehmens, zuhause oder am Strand befindet. Wenn ein Mitarbeiter eine gute Idee oder Lösung für ein Projekt hat, ist es egal, ob ihm diese um 23 Uhr am Strand vor seinem schwedischen Sommerhaus kommt.

Menschen hassen Veränderung – Warum werden so viele dazu gezwungen?

Wenn ich mir die steigende Anzahl an Smartphones weltweit ansehe, frage ich mich oft, wie viele davon direkt von Unternehmen für ihre Mitarbeiter gekauft wurden. Allein im letzten Quartal des Jahres 2011 verkaufte Apple 15 Millionen iPads, die meisten vermutlich für den privaten Gebrauch. Die Menschen lieben ihre Smartphones und Tablets.

In Zukunft werden Unternehmen die Nutzung privater oder geschäftlicher Smartphones einführen und ihren Mitarbeitern erlauben müssen, diese bei der Arbeit zu verwenden. Neben den vielen Unternehmens-Apps, die bereits genutzt werden (z.B. ERP, ECM, CRM), werden wir einen enormen Anstieg bei der Entwicklung neuer Unternehmens-Apps beobachten. Ich glaube fest daran, dass Unternehmen, die den Mobilitätstrend nicht unterstützen, Schwierigkeiten haben werden, innovative, kreative und passionierte Mitarbeiter anzuwerben.

Facebook hat mehr als 800 Millionen Nutzer; täglich werden 250 Millionen Bilder hochgeladen. Die englische Version von Wikipedia verfügt über rund 4 Millionen Artikel, und pro Monat werden mehr als 7,5 Milliarden Seiten aufgerufen. Menschen teilen ihr Wissen gerne!

Mitarbeiter müssen nicht mehr dazu angehalten werden, ihr Wissen zu teilen – sie tun es bereits. Ja, sie tun es privat, aber warum ist das so? Weil viele Unternehmen nicht die Notwendigkeit sehen, ihren Mitarbeitern in ihrem Unternehmensumfeld dieselben Arbeitsmittel an die Hand zu geben, die sie privat bereits nutzen. In Zukunft werden Unternehmen, die soziale Medien verbieten oder/und keine angemessenen internen Instrumente anbieten, es mit einem gewaltigen Mangel an Wissensaustausch und Schwierigkeiten bei der Rekrutierung der talentiertesten Mitarbeiter zu tun haben. Wir können in unserer Arbeitsumgebung bereits einen kulturellen Wandel in Bezug auf Flexibilität, Mobilität und Austausch sehen. Diese Tendenz wird sich in den nächsten Jahren fortsetzen und exponentiell ausweiten. Die erfolgreichsten Unternehmen der Zukunft werden jene sein, die ihren Mitarbeitern die Freiheit gegeben haben, zu arbeiten wann und wie sie wollen. Im Gegenzug werden sie die motiviertesten und talentiertesten Mitarbeiter bekommen.

Virtuelle Teamarbeit – Panoptische oder interaktive Arbeitsgestaltung

Lauge Baungaard Rasmussen

Das Aufkommen virtueller Teamarbeit stellt eine dynamische Reaktion auf die Globalisierung, die Weiterentwicklung von Kommunikationstechnologien und den Abbau industriebasierter Organisationshierarchien dar. Diese Entwicklungen bringen neue Herausforderungen mit sich, da das Erledigen verteilter Aufgaben über die Hürden kultureller Unterschiede hinweg und mit weniger persönlichem Kontakt integriert werden muss. Virtuelle Teamarbeit bringt spezielle Anforderungen an Kommunikation, Vertrauen und Wissen mit sich. Die Auswirkungen auf die zukünftige Arbeitsgestaltung sind gewaltig und bleiben noch immer zu klären und zu diskutieren.

Schlüsselfaktoren der virtuellen Teamarbeit

Virtuelle Teamarbeit wird als Zusammenarbeit eines Teams aus geografisch verstreuten Einheiten definiert, das auf elektronische Kommunikation angewiesen ist, um seine Arbeitsaufgaben auszuführen. Einen Großteil der Zeit werden Mitglieder virtueller Teams asynchron kommunizieren, weil sie in verschiedenen Zeitzonen arbeiten. Der Grund dafür ist, dass verschiedene Teile des Teams rund um die Uhr aktiv sein können. Virtuelle Teamarbeit verlässt sich auf zeitliche Flexibilität als Unterscheidungsmerkmal, die durch zunehmend leistungsstarke und mobile Informationsverarbeitungssysteme sichergestellt wird, und kann dadurch neue Möglichkeiten für die Suche nach dem niedrigsten Preis und/oder der Arbeit mit der besten Qualität bieten. Ein Teil dieses Wissens ist möglicherweise in Maschinen kodiert, aber ein anderer Teil besteht aus implizitem Wissen. So sind beispielsweise der Rhythmus, der Takt und das Tempo von Gesten Bestandteil der persönlichen Teamarbeit, sind in virtuellen Arbeitsbeziehungen jedoch nur zu einem sehr begrenzten Grad sichtbar. Führungskräfte können nicht mehr einfach vorbeischauen, um Effizienz und Arbeitsqualität sicherzustellen. Eine direkte Kontrolle muss durch formalisierte Leistungsmessung oder durch Vertrauen ersetzt werden. Vertrauen kann die Anzahl der Kontrollverfahren reduzieren, kann aber auch zu vermehrtem opportunistischen Verhalten wie dem Verstoß gegen Verträge oder relationale Normen führen, beispielsweise durch die absichtliche Weitergabe falscher Informationen oder das Zurückhalten relevanten Wissens. Diese Gefahr ist nicht neu, hat in virtuellen Arbeitsbeziehungen aufgrund einer Reihe kultureller, gesellschaftlicher und technischer Faktoren jedoch zugenommen.

Erfolgreiche Ergebnisse der virtuellen Teamarbeit hängen davon ab, wie sehr die Mitglieder dazu fähig und bereit sind, Informationen über fachliche, räumliche und/oder kulturelle Grenzen hinweg zu teilen und zu erzeugen, sei es durch asynchrone oder Echtzeitkommunikation. Die Fähigkeiten, einen störungsfreien, uneingeschränkten und transparenten Ablauf des Generierens, des Austauschs, der praktischen Nutzung und des Zusammentragens von

Informationen zu finden, wird zu einem entscheidenden Faktor, der in der virtuellen Team-arbeit jedoch offenbar schwer zu erreichen ist. Die relative Bedeutung von Vertrauen und Misstrauen hängt von der Gestaltung und Umsetzung von Aufgabenbeschreibungen und Leis-tungsmessungen sowie von positiven und negativen Anreizen für ein angemessenes Verhalten ab. Wenn die Arbeitsbeschreibungen für manche Mitglieder des virtuellen Teams auf repe-titive Tätigkeiten beschränkt sind und andere für das kreative Denken verantwortlich sind, kann die relative Dominanz des Misstrauens zwischen den Mitgliedern stärker sein als das Vertrauen. Wenn Leistungsmessungen lediglich der panoptischen Überwachung dienen, ist es wahrscheinlicher, dass Mitglieder Informationen zurückhalten anstatt sie zu teilen. Die individuelle Fähigkeit und Motivation bei der virtuellen Teamarbeit effektiv zusammenzuar-beiten, hängt von einer Reihe von Faktoren ab, beispielsweise von individuellen und sozialen Werten und Normen, Anreizen, auf Gegenseitigkeit beruhendem Verantwortungsgefühl und Akzeptanz, einem sinnvollen Rahmen zur Ausführung der Arbeit und angemessen abwechs-lungsreichen Aufgaben. Diese Faktoren müssen bei der Planung virtueller Arbeitsteams be-rücksichtigt werden.

Auswirkungen auf die Arbeitsgestaltung

– *Panoptische Überwachung sollte durch interaktive teambasierte Leistungsindikatoren er-setzt werden*: Dem Benthamschen „Panopticon" liegt die Idee der Überwachung von oben zugrunde (der „Blick"). Immer komplexere ICT-Systeme haben es möglich gemacht, jede einzelne Handlung aufzuzeichnen, um sie in Echtzeit zu überwachen oder für den spä-teren Gebrauch zu speichern. Diese Systeme untergraben Vertrauen und schränken die Kreativität in der täglichen Arbeit ein, wohingegen bei der virtuellen Teamarbeit das ge-naue Gegenteil benötigt wird. Deshalb sollte die panoptische Überwachung des Einzel-nen durch interaktive, teambasierte Leistungsmessungssysteme ersetzt werden, die einige wenige ganzheitliche aber transparente Indikatoren umfassen, die für alle Mitglieder des Teams verständlich und erkennbar sind.

– *Überprüfung der Teamleistungsindikatoren sollte als Anregung zum Lernen genutzt wer-den*: Deshalb sollten Mitglieder des virtuellen Teams mit Systemexperten zusammenarbei-ten, um dafür zu sorgen, dass die Indikatoren angemessen sind. Die Ergebnisse könnten dann als Anregung für Workshops der geografisch verstreuten Teammitglieder dienen, die mal persönlich und mal durch visuelle Telekommunikation übertragen stattfinden. Die-se Workshops können durch die Verwendung einer oder mehrerer interaktiver Workshop-Methoden das wissensbasierte Vertrauen stärken und das Lernen fördern.

– *Die Möglichkeit zum unkonventionellen Denken sollte Teil jeder Aufgabenbeschreibung sein und bei Leistungsmessungen positiv bewertet werden*: Wissen besteht aus Vorstellun-gen, die zu assoziativen Netzwerken verbunden sind. Kreativität sollte nicht nur auf extra veranstaltete Workshops beschränkt sein, sondern als Teil der täglichen Praxis der virtu-ellen Teamarbeit vorausgesetzt werden. Um die alltägliche Kreativität zu fördern, sollten Offenheit für Feedback und neue Ideen sowie der grenzüberschreitende und fachübergrei-fende Wissensaustausch als Kernwerte in die Unternehmenskultur eingebunden werden. Ein Wissensarchiv, in dem Feedback und Ideen, die während der Arbeit vor Ort entstanden sind, aufbewahrt und aktualisiert werden können, wird ebenfalls die alltägliche Kreativität unterstützen, insbesondere wenn der Zugriff offen und interaktiv gestaltet ist.

Wie die Belegschaft die Planung übernehmen kann: Spielsimulation als partizipatives Management

Sebastiaan Meijer

In der zunehmend komplexeren Welt der globalisierten Produktion und der miteinander verflochtenen Produktionssysteme steht es außer Frage, dass alle Mitarbeiter, von der strategischen Spitze bis zum betrieblichen Kern auf die Situation, in der sich das Unternehmen und sein operativer Betrieb befinden, ausgerichtet und darüber informiert werden müssen. In fast allen großen Unternehmen wenden Manager Konzepte wie Wissensmanagement, Bindung von Kompetenzträgern, Teamentwicklung und Validierungssitzungen an, um das benötigte implizite Wissen und die Kompetenzbasis zu verwalten. Mir fällt auf, dass die meisten dieser Konzepte „top-down" umgesetzt werden. Die Unternehmensführung organisiert das Wissensmanagement; in den seltensten Fällen kann die Belegschaft darüber entscheiden, wer Kompetenzträger ist, und Teamentwicklung ist in der Regel die Entscheidung eines Managers, der mit einer nicht funktionierenden Abteilung konfrontiert ist. Ich glaube, dass neue Erkenntnisse zu Spielsimulationen hier hilfreich sein können. Durch die Einbeziehung von Spielsimulationen in den täglichen Arbeitsplatz von Zugführern können sie mehr Einfluss erhalten und einen wichtigen Beitrag zur Integration von Wissen in der gesamten Organisation leisten.

Spielsimulation durch die Belegschaft

Seit 2008 arbeite ich mit meinem Team daran, Spielsimulationen im Eisenbahnsektor einzuführen, um Unwägbarkeiten bei Entscheidungen über Innovationen zu verringern. Die Spielsimulation (oder Serious Gaming), wird in der Regel in Schulungs- und Lernsituationen angewandt; in unserem Arbeitsgebiet verwenden wir sie jedoch als Methode, um potentielle Gestaltungsentwürfe für betriebliche Innovation zu testen. In den Sitzungen spielen Zugführer sich selbst, was zu neuen Einblicken geführt hat. Zugführer haben ebenso wie Schaffner traditionell wegen ihrer mangelnden Bereitschaft, ihre Arbeitsabläufe zu ändern, und ihrer mangelnden Mitarbeit bei Innovationen bei der Geschäftsleitung einen schlechten Ruf. Von den Eisenbahnbetreibern, mit denen wir zusammenarbeiten, hat jeder seine eigene Art, damit umzugehen, und alle versuchen, die Zugführer in Diskussionen über Gestaltungsentwürfe miteinzubeziehen. Dennoch klafft noch immer eine große Lücke zwischen Entwürfen und der Einführung von Innovationen. Die Geschäftsleitung wirft den Zugführern vor, während der Besprechungen nicht offen ihre Meinung zu sagen (nicht sagen zu wollen oder können), während die Zugführer der Geschäftsleitung vorwerfen, nichts von ihrer Arbeit zu verstehen.

Seit der Einführung der Spielsimulationen haben wir eine Entwicklung festgestellt. Während der Spielsitzung sind Zugführer voll bei der Sache und bereit, jedes kleinste themenbezogene Detail zu besprechen. Wenn Zugführer bei der Simulation sich selbst spielen, können sie die Vor- und Nachteile einer Innovation plötzlich in einem Maße diskutieren, wie man es im Unternehmen noch nie erlebt hat. Uns liegen inzwischen die ersten Ergebnisse für die Einführung von Innovationen vor, die mithilfe von Spielsimulationen während der Entwurfsphase umgesetzt wurden, und viel deutet darauf hin, dass die Anwendung dieser Methode zu besseren Innovationen und einer einfacheren Umsetzung führt.

Was wäre der nächste Schritt wenn man sich eine Entwicklungslinie von Diskussionen bis zu von der Geschäftsleitung organisierten Spielsimulationen denkt? Angesichts der starken Beteiligung der Zugführer fangen wir jetzt an, mit permanenten Spielsimulationsinstrumenten am Arbeitsplatz zu experimentieren. Wir bauen simulierte Versionen der Arbeitsumgebungen nach und verbinden diese mit Computersimulationen der Zugsteuerung. Im November 2011 haben wir die erste Version im Zugverkehrsüberwachungszentrum in Amsterdam eingebaut und die Zugführer gebeten, eine Stunde pro Tag zu spielen. Uns schlug viel Begeisterung entgegen, und die Zugführer probierten vieles aus, was sie im echten Zugablauf nie gekonnt hätten. Es muss noch an der Verbesserung der Simulation gearbeitet werden, aber die Zugführer konnten uns ganz genau sagen, was verbessert werden muss und wo die Simulation als nützliches Instrument eingesetzt werden kann, um Ideen auszuprobieren, die ihre Arbeit verbessern könnten.

Auswirkungen auf die Arbeitsgestaltung

Die oben beschriebenen Erfahrungen werfen bei mir die Frage auf, welchen potentiellen Wert detaillierte und naturgetreue Spielsimulationen im Betrieb haben. Zugführer, die als veränderungsunwillig angesehen wurden, wollten plötzlich experimentieren. Ich möchte zwei Theorien darlegen, die Auswirkungen auf die Arbeitsgestaltung haben. Zum einen denke ich, dass Zugführer eine simulierte Realität, in der sie spielen können, umso dringender brauchen, je stärker ihre Arbeit an das strikte Befolgen von Regeln und Verfahren gebunden ist. Zum anderen glaube ich, dass das Experimentieren in einer simulierten Spielumgebung zu mehr Wissensaustausch mit Kollegen und der Geschäftsleitung führen wird. Für beide Aussagen haben wir erste Beweise gesehen, aber wie immer in der Wissenschaft ist noch viel mehr Forschung notwendig, um sie tatsächlich zu belegen.

Musability

Stephen Downes

Heute Morgen las ich in *Mashable* einen kurzen Beitrag, der einige Prognosen von IBM für die nächsten fünf Jahre beschrieb. Neben eher alltäglichen Prognosen, wie wir sie auch anderswo schon gehört haben – zum Beispiel, dass sich Biometrie stärker etablieren wird oder dass Mobile Computing der digitalen Spaltung ein Ende setzen wird – findet sich eine Prognose, die mehr Aufmerksamkeit verdient: dass das Gedankenlesen zu einer angewandten Technologie werden wird.

Das scheint eher in den Bereich der Science Fiction zu gehören als in praktische Überlegungen über die Zukunft der Arbeit. Die Technologie selbst ist jedoch keine Science Fiction. Es gibt bereits die Technologie, die es einer Person ermöglicht, die Bewegung eines Würfels auf dem Bildschirm allein durch Gedanken zu steuern. Durch die Konstruktion immer sensiblerer Eingabegeräte werden Phänomene, die wir früher für rein geistig hielten – beispielsweise unsere Gedanken und Träume – sich allmählich physisch manifestieren.

Musing („Mental Using") wird zu einem ganz gewöhnlichen Vorgang werden. Die Fähigkeit zum Musing, die „Musability", wird sich zu einer wichtigen Wissenschaft entwickeln, da diese Schnittstellen in der Lage sein müssen, Handlungen zu unterstützen, ohne uns abzulenken – wer glaubt, dass es gefährlich ist, beim Autofahren zu telefonieren, der stelle sich vor, wie gefährlich es sein wird, Auto zu fahren, während man mit einem schlecht konstruierten Musing-Agenten verbunden ist.

Vermutlich werden wir diese Schnittstellen zunächst als Spiele erleben. Wir werden im Rahmen eines Spiels einen Würfel drehen oder einen Gegenstand im richtigen Behälter ablegen, während wir neue Fähigkeiten entwickeln, die unsere Kinder (oder *ihre* Kinder) als selbstverständlich ansehen werden. Diese mentalen Umgebungen werden für uns so wirklich werden – und ein ebenso wichtiger Teil unseres Alltags – wie Orte wie Facebook, Twitter und World of Warcraft es heute sind. Man wird sich nur schwer vorstellen können, wie die Welt aussah, bevor Menschen mental verbunden waren.

Man ist zunächst dazu verleitet, sich vorzustellen, dass diese Geräte unsere heutigen Bedienfelder und Eingabebildschirme ersetzen werden. Und die mentale Steuerung physischer Geräte hat Vorteile. Zum Beispiel können wir – mit etwas Übung – unsere Reaktionszeiten verkürzen. Oder wir können durch Visualisierung Bewegungen ausführen, die physisch schwierig wären, beispielsweise das Balancieren eines Objekts oder die Wiedergabe eines Bildes. Mentale Steuerung ist auch weniger ablenkend als physische Bewegungen, etwa beim Fahren oder einer anderen motorischen Tätigkeit.

Musing birgt jedoch das Potential, einen sehr viel größeren Effekt zu haben. Die Möglichkeit der Unterschallübertragung, beispielsweise über einen winzigen, in unserem Ohr implantierten Transmitter oder durch in unsere Kontaktlinsen eingebaute optische Anzeigen, ermöglicht eine Zweiwegkommunikation. Eine Person könnte auf nicht wahrnehmbare Weise mit einer anderen Person interagieren. Die Angestellte am Schalter, die Sie mit einem Lächeln begrüßt und Ihren Namen kennt, kommuniziert möglicherweise mit einem komplexen Computerprogramm, das ihr alle Informationen gibt, die sie braucht, während sie sich die Hand geben.

Oder Sie können subvokal miteinander kommunizieren. Während Sie zum Schalter gehen, wird Ihr Anliegen von Ihrem eigenen Computersystem vorbereitet und der Angestellten durch Gedanken übertragen. Sie erhält eine kurze mentale Nachricht, bestätigt den Empfang und nickt Ihnen als Antwort zu, während sie Ihnen per Unterschall für Ihre Unterstützung dankt. Währenddessen werden Ihr Status – und Ihre Gedanken – sofort an andere Mitglieder Ihrer Arbeitsgruppe weitergeleitet, die sie als Updates erhalten, während sie an Besprechungen teilnehmen oder ihrer Arbeit nachgehen.

Interne anstelle der externen Kommunikation scheint keine große Sache zu sein. Wenn unsere Maschinen jedoch zunehmend die Fähigkeit entwickeln, auf unsere Gedanken zu reagieren, wird diese Kommunikation es uns ermöglichen, komplexe Aufgaben durch gemeinsam arbeitende Teams auszuführen. Besonders sensible Vorgänge wie die Konstruktion von Computerchips oder Gehirnchirurgie werden von Bedienern, die in komplett immersiven Umgebungen arbeiten und mit ihrer Vorstellungskraft durch eine Umgebung navigieren, ausschließlich über Gedanken ausgeführt. Schließen Sie die Augen und stellen Sie sich vor, Neuronen miteinander zu verbinden – so wird es sich anfühlen, während Nanoroboter die eigentliche physische Arbeit verrichten.

Auch wenn es verlockend ist, bei den praktischen und technischen Aspekten der Musability zu bleiben, werden diese im Vergleich zu den gesellschaftlichen Veränderungen, die eine solche intime Kommunikation mit sich bringen wird, trivial erscheinen. Heute ist es schwer, sich Technologien wie E-Mails und Textnachrichten als langsam und umständlich vorzustellen, aber so wird es sich für einen Muser anfühlen. Die Unmittelbarkeit einer solchen Kommunikation wird außerdem unsere Beziehungen zueinander verändern. Soziale Organisationen werden sehr viel persönlicher werden, und die Idee, dass etwas „rein geschäftlich" ist, wird einer Zeit angehören, in der man nicht wusste – oder zumindest vorgeben konnte, nicht zu wissen – was Menschen *empfanden*, wenn man mit ihnen arbeitete.

Eine praktisch umsetzbare Musing-Technologie lässt vielleicht noch fünf Jahre auf sich warten, und das Entstehen einer „Muser-Nation", wie es eine Ausgabe von *Wired* beschreibt, findet möglicherweise erst in der nächsten Generation statt. Aber so wie wir gesehen haben, welche tiefgreifenden Auswirkungen Netzwerktechnologien auf unsere jetzige gesellschaftliche Organisation hatten, indem sie die Dominanz von Hierarchien aufweichten und zur Entstehung einer asymmetrischen Kriegsführung, der Macht des Volkes und des Crowdsourcing führten, so wird auch die mental verbundene Gesellschaft einen fundamentalen Wandel erleben. Es ist optimistisch – aber vielleicht nicht unrealistisch – von einer Bewegung weg von der reinen Kommunikation und hin zu einem Ethos des *Einfühlens* zu reden.

Zwei Faktoren würden eine solche Zukunft herbeiführen. Eine Voraussetzung wäre eine Wissenschaft, die es uns ermöglicht, nicht nur verbalisierte Gedanken auszutauschen, sondern auch Erfahrungen, Emotionen und Gefühle. Eine solche Wissenschaft wäre *technisch* möglich; die eigentliche Frage ist, ob sie gesellschaftlich *akzeptabel* wäre. Und zum anderen bräuchte es eine Mechanisierung der Arbeit, bei der ein Großteil der physischen Arbeit mental über musing-fähige Schnittstellen ausgeführt würde. In diesem Fall würde Arbeit, wie wir sie heute kennen, weniger von Arbeits*kräften* als vielmehr von Künstlern ausgeführt. In einer solchen Umgebung würden wir arbeiten, um *eingebunden* zu sein, und der Grad der Einbindung wäre proportional zu der emotionalen Erfüllung, die wir empfinden.

Heute ist es vielleicht schwer, sich eine Gesellschaft vorzustellen, in der wir für etwas anderes arbeiten als für das Brot auf unserem Tisch und das Dach über unserem Kopf, aber eine

Kombination aus überschüssiger Energie und geistiger Rechenleistung erfordert eine Umgestaltung der zugrundeliegenden Wirtschaftslehre. Je weniger Bedarf an körperlicher Arbeit in einer Gesellschaft besteht, desto ungerechter und weniger effizient wird die Verteilung von Wohlstand auf Grundlage der Arbeitsleistung werden. Während wir den Übergang zur Post-Wohlstandsgesellschaft vollziehen und jeder Zugang zu den lebensnotwendigen Dingen hat, werden neue Währungen in Form von Gemeinschaft und Wohlbefinden zentrale Bedeutung erlangen.

Innovationen am Arbeitsplatz

Innovationen am Arbeitsplatz: Für bessere Arbeitsplätze und mehr Leistung

Jürgen Howaldt, Ralf Kopp und Frank Pot

Unter wissensintensiven Bedingungen nachhaltige Innovationen hervorzubringen, stellt eine große gesellschaftliche Herausforderung dar und erfordert auf organisatorischer Ebene mehr Aufmerksamkeit für a) *soziale Innovationen* und b) *neue Erkenntnisse, wie sich (soziale) Innovationen generieren und in den Unternehmen umsetzen lassen.* Dies setzt die Schaffung moderner Arbeitsumgebungen auf Grundlage von c) *Innovationen am Arbeitsplatz* voraus, die mehr Selbstorganisation und Freiraum zur individuellen Gestaltung von Arbeit ermöglichen.

a) *Soziale Innovationen* sind die Voraussetzung nachhaltiger Lösungen, die wirtschaftliche, ökologische und soziale Bedürfnisse vereinen können. Soziale Innovationen fokussieren auf die Veränderung von Handlungsmustern bzw. Kommunikations- und Interaktionsroutinen. Soziale Innovationen können auf Prozess- oder Produktebene stattfinden. Man verkehrt die traditionelle Perspektive auf Innovation, indem man, wie z.B. die OECD, soziale Innovation als zentralen Innovationstreiber begreift und Technologie in die Nebenrolle einer Unterstützungsfunktion verweist. Die Erzeugung und Verbreitung sozialer Innovationen unterscheidet sich grundlegend von denen technischer Innovationen.

b) In der Regel werden nachhaltige Innovationen nicht von einzelnen klugen Köpfen, brillanten Denkern oder einsamen Unternehmenslenkern erzeugt, sondern sind das Ergebnis der Zusammenarbeit großer Netzwerke, bestehend aus Wissensarbeitern verschiedener Akteursgruppen. Weiterhin sind sie das Ergebnis einer intensiven Kommunikation mit Kunden, Anwendern und Verbrauchern. Diese Art der *offenen Innovation* umfasst nicht nur internetbasierte Ansätze (auch wenn sie durch Technologien des Web 2.0 unterstützt werden), sondern stellt ein *grundlegend verändertes Innovationsparadigma* dar.

c) *Innovationen am Arbeitsplatz* lassen sich als Umsetzung sozialer Innovationen auf Ebene des Unternehmens (z.B. Einführung neuer Handlungsroutinen im Bereich der Arbeitsorganisation, des Personalmanagements und der unterstützenden Technologien) definieren. Innovationen am Arbeitsplatz setzen eine *erhebliche Verschiebung* hin zu mehr Partizipation, mehr Dezentralisierung von Verantwortung, mehr Arbeitsautonomie, mehr Möglichkeiten individueller Kontrolle, mehr Selbstorganisation und ein erhöhtes Maß an Weiterbildung voraus. Desweiteren ist Innovation am Arbeitsplatz auf die Erhöhung der organisatorischen Absorptionsfähigkeit bzw. auf einen höheren Vernetzungsgrad mit externem Wissen und Kompetenzen angewiesen. Innovation am Arbeitsplatz umfasst zudem die ergonomische Gestaltung von Arbeitsplätzen und eine angemessene IT-Infrastruktur. Avancierte Ansätze dieser Art lassen sich bspw. in sogenannten *Enterprises 2.0* finden. Hier führen Prinzipien erhöhter Selbstorganisation, Partizipation, individuelle Arbeitsplatzgestaltung und der Einsatz moderner Informationstechnologie (z.B. Web 2.0) zu überdurchschnittlich hoher Leistungs- und Innovationsfähigkeit. Enterprises 2.0 können insofern als *sozio-digitale Innovationssysteme* beschrieben werden.

Wo liegen die Chancen und Risiken für das Arbeitsleben der Zukunft?

Studien belegen, dass die Einführung von Innovationen am Arbeitsplatz die gleichzeitige Verbesserung der Qualität des Arbeitslebens, des individuellen Wohlbefindens, und die Förderung von Talenten sowie eine Erhöhung der Unternehmensleistung ermöglichen. Innovation am Arbeitsplatz strebt insofern Win-win-Situationen an, in denen gesellschaftliche und wirtschaftliche Ziele berücksichtigt werden. Ähnliche Konzepte verbergen sich hinter Begriffen wie z.b. nachhaltige Arbeitssysteme, High-Involvement-Arbeitsplätze, innovative Arbeitsplätze oder New World of Work). Viele Führungskräfte sind jedoch nicht auf derartig partizipatorische Ansätze vorbereitet und/oder haben Angst, Kontrollmacht an ihre Mitarbeiter abzugeben. Notwendiges Vertrauen lässt sich nur schwer entwickeln. Es hat sich leider noch nicht herumgesprochen, dass die Organisation wissensintensiver Arbeitsplätze und das Führen von Wissensarbeitern anderen Kommunikations- und Kooperationsregeln folgt als traditionelle Industriearbeit.

Das Konzept der Innovationen am Arbeitsplatz bedarf umfangreicher Forschungsarbeit, die sich mit der Gestaltung soziodigitaler Formen der Wissensarbeit auseinandersetzt. Dies schließt die Vermeidung negativer Folgen für die Qualität der Arbeitsplätze ein und setzt die Analyse veränderter Belastungsprofile, die vertiefte Kenntnis psychosozialer Anforderungen ebenso voraus, wie die Klärung der Integrationserfordernisse älterer und geringqualifizierter Menschen.

Wie kann Arbeitsgestaltung zukünftig die Innovations- und Wettbewerbsfähigkeit von Unternehmen sowie das Wohlbefinden und die Produktivität des Einzelnen fördern?

Um die Qualität des Arbeitslebens zu fördern und seine Risiken zu reduzieren, sollten die Einführung von Innovationen am Arbeitsplatz und die weitere Forschung in diesem Bereich durch nationale und europaweite Programme gefördert werden. Immer mehr Länder haben Programme zur Arbeitsproduktivität, Kompetenzentwicklung, Bildung und Innovation eingeführt oder sind dabei, diese zu entwickeln. Nicht nur Deutschland hat eine reiche Tradition an solchen Programmen (Humanisierung des Arbeitslebens, Qualität des Arbeitslebens, Innovative Arbeitsgestaltung). Es lassen sich auch Beispiele in Finnland (Arbeitsplatzentwicklung), Schweden (Erneuerung der Unternehmensführung und der Arbeitsorganisation), die Niederlande und Belgien (soziale Innovation), Irland und dem Vereinigten Königreich (Innovation am Arbeitsplatz) finden. Europa steht an der Schwelle, die diversen Erfahrungen sozialer Innovationen am Arbeitsplatz miteinander zu verbinden und erhebliches Synergiepotenzial frei zu setzen, sofern der Tendenz zur Mittelkürzung in vielen Ländern Einhalt geboten wird. Intelligentes, nachhaltiges und inklusives Wachstum sind jedoch auf das ausreichende Investment in soziale Innovation in Unternehmen bzw. Innovation am Arbeitsplatz angewiesen. Der aktuelle Aufruf der Europäische Kommission mit dem Ziel der Formierung eines europaweiten Netzwerkes (European Learning Network for Workplace Innovation) ist ein Schritt in die richtige Richtung.

Enabling Spaces – Wie Raum und Organisation sich gegenseitig beeinflussen

Thomas Fundneider und Markus Peschl

Eine zunehmend vernetzte und virtuelle Welt wirft unweigerlich die Frage auf, ob das traditionelle Büro immer noch für den Erfolg und das Überleben von Organisationen notwendig ist. Warum sollen Wissensarbeiter täglich zu einem Gebäude pendeln, in dem der so oft begehrte „creative buzz" häufig eher einem sozialen Albtraum gleicht. Als Antwort hört man oft: „Um zusammenzuarbeiten, um zu kommunizieren, um neue Ideen hervorzubringen!" Bei näherer Betrachtung muss man sich die ehrliche Frage stellen: Finden diese Tätigkeiten tatsächlich in unseren Büros statt? Wie sich immer wieder herausstellt, sind Architektur und Bürogestaltung nur ein kleiner Teil dieser Kluft. Tatsächlich bietet die Organisation als Ganzes oft kein menschen- und innovationszentriertes Arbeitsumfeld, da architektonische, soziale, emotionale, kognitive, organisatorische, epistemologische und technische Dimensionen zu komplex sind, um gemeinsam gedacht und einbezogen zu werden – ihre Integration ist jedoch für jede Form der Wissens- und Innovationsarbeit entscheidend.

Einfach gesagt: Architektur alleine ist nicht wichtig. Dieser Beitrag beschäftigt sich mit dem Prozess des feinfühligen Gestaltens eines integrierten und menschenzentrierten Wissensarbeitsumfeldes.

Menschen- und innovationszentrierte Arbeitsumgebungen gestalten

Ein solcher Gestaltungsprozess muss zwangsläufig traditionelle Fachgrenzen überschreiten und Erkenntnisse und Ansätze aus verschiedensten Bereichen miteinbeziehen. Die Autoren haben einen Ansatz (einschließlich eines Designprozesses) entwickelt, den sie *Enabling Spaces* nennen. Man denke an das Beispiel der Wissensgenerierung. Hier sehen wir die Notwendigkeit, soziale, kulturelle, emotionale, physische/architektonische sowie epistemologische Aspekte zu integrieren: Die Generierung neuen Wissens ist ein äußerst fragiler Wissensprozess, bei dem es u.a. um Intuition, das Wahrnehmen schwacher Signale („weak signals"), profundes Denken und Verstehen und das Weiterentwickeln von noch nicht belastbarem Wissen geht. Aufgrund der Fragilität dieser Prozesse, muss ein Container, ein Enabling Space, geschaffen werden, der eine geschützte Umgebung bereitstellt, der den freien Wissensfluss ermöglicht, der Ruhe, Fehlertoleranz und Offenheit gegenüber Veränderungen bietet und der es ermöglicht, dass Ergebnisse auf unaufdringliche Art und Weise integriert werden.

Diese Gestaltungsqualitäten müssen in kohärente und interdisziplinäre Konzepte umgesetzt werden, die in ihrer Gesamtheit einen Enabling Space formen. Auf Grundlage theoretischer Forschung wurde in den letzten Jahren ein wissenschaftlich fundierter Gestaltungsprozess für solche multidimensionale interdisziplinäre Räume entwickelt, der sich in verschiedene Phasen gliedert: (i) *Beobachtung*: Profunde und hauptsächlich qualitative Beobachtung der Kernprozesse einer Organisation einschließlich ihrer Stakeholder und ihrer Organisationskultur. (ii) *Kernprozessmodell*: Die Ergebnisse aus Phase 1 werden zu einem Kernprozessmodell verdichtet, das den Kern der Organisation aus einer wissens- und innovationsorientierten Perspektive darstellt. (iii) *Design Patterns:* Überführung dieser Wissens- und Kernprozesse einer Organisation einschließlich ihrer Kultur in sogenannte „design patterns". (iv) *Interdisziplinäre Gestaltung:* In mehreren interdisziplinären Workshops werden diese „design patterns" in konkrete umsetzbare Elemente und Maßnahmen überführt, wobei die oben genannten Dimensionen zu einem ganzheitlichen Enabling Space zusammengefügt werden. (v) In einem letzten Schritt werden diese Konzepte umgesetzt.

Es wird deutlich, dass die Schaffung von Enabling Spaces eine echte gestalterische Herausforderung ist; sie müssen für jede Organisation individuell entwickelt werden und es gibt keine Standardlösungen oder einfache Regeln. Wir nähern uns diesem Gestaltungsprozess für Arbeitsumgebungen durch ein tiefes Verständnis der inneren Funktionsweise einer Organisation. Erst in einem zweiten Schritt werden diese organisatorischen Kernaspekte durch Architektur und Design in eine physische Büroumgebung übertragen.

Enabling Spaces – Auswirkungen auf die Arbeitsgestaltung

Ein Projekt mit der IT-Abteilung eines international tätigen Weltmarktführers liefert ein Beispiel aus der Praxis, wie ein Enabling Space umgesetzt werden kann: Steigende Ausgaben sowie Unzufriedenheit im Bereich der Service-Qualität machten einen organisatorischen Umgestaltungsprozess notwendig. Wir wurden angefragt, ein zukunftsorientiertes Arbeitsumfeld zu entwickeln und im Rahmen dieses Prozesses die Unternehmenskultur der Abteilung zu einem Innovationsknotenpunkt auszubauen. Während des Gestaltungsprozesses des Enabling Space stellte sich rasch heraus, dass keine architektonischen Änderungen vorgenommen werden konnten, ohne den Organisations- und den Innovationsbereich ebenso zu verändern und ineinander greifen zu lassen. So war beispielsweise ein groß angelegtes Weiterbildungsprogramm notwendig (vor allem zu „social skills", Service-Haltung, und einem besseren Verständnis der Aufgaben und Herausforderungen der Kunden), um die IT-Abteilung als strategischen Partner der Geschäftssegmente zu etablieren.

Die Gestaltung von Arbeitsplätzen, die von den Mitarbeitern angenommen werden und gut funktionieren, ist oft das Ergebnis einer geschickten Balance zwischen sogenannten Polaritäten: Privatsphäre, die es erlaubt, sich zu konzentrieren, sich zurückzuziehen und alleine zu sein, und offene Strukturen, in denen Ablenkung, Lärm und oberflächliche Unterhaltungen vorherrschen. Wissensprozesse setzen sehr unterschiedliche Kognitionsformen voraus: Da ist zum einen das Nachdenken, eine Phase intensiver und ununterbrochener Konzentration; im Kontrast dazu etwa steht die Endphase (des Innovationsprozesses) der Markteinführung eines Produkts, für die ein hohes Maß an Aktivität und Zusammenarbeit durch Zuruf entscheidend ist. In einem Projekt zur Gestaltung eines neuen Universitätscampus haben wir diesen Ansatz realisiert. Eine rasant wachsende Privatuniversität, die sich zwischen Wirtschaft, Politik und Kultur positioniert, rief einen Architekturwettbewerb aus. Auf Basis einer umfangreichen Recherche, einer Phase der intensiven Beobachtung und Durchführung von generativen Interviews wurde deutlich, dass die Leitlinien für das Raumprogramm sehr viel breiter ausgelegt werden mussten. Unser Entwurf (in Zusammenarbeit mit einem Architekten) führte u.a. verschiedene Kategorien von Seminarräumen ein, z.B. klassische Hörsäle, Räume für Projektarbeit, Räume für Dialoge, Räume für die gemeinsame Wissensarbeit und Werkstattateliers, um genau jene Kernprozesse zu unterstützen, die diese Universität zu einem solch einzigartigen Ort machen.

Wir verstehen Arbeitsumgebungen nicht einfach als einen „Ort zum Sitzen" oder einen „Ort der Kommunikation", sondern als Dreh- und Angelpunkt für die menschliche Produktivität und Kreativität. Architektur spielt am Ende eine wichtige Rolle. Aber nur, wenn sie auf einem genauen Verständnis der Organisations- und Wissensaspekte basiert und diese den Ausgangspunkt für den Gestaltungsprozess bilden.

Die Gestaltung der FuE-Arbeitsumgebung der Zukunft

Sven Schimpf und Flavius Sturm

Neue oder alte Gebäude, Werkstätten oder Heimbüros?

In der Diskussion, wie die Arbeitsumgebung für die Forschung und Entwicklung aussehen sollte, kommt die Forschung keineswegs zu einem einmütigen Schluss. Neubauten können eng auf die spezifischen Bedürfnisse der FuE-Abteilung und ihrer Wertschöpfungsnetzwerke ausgerichtet sein, angefangen bei der übergreifenden Konstruktion des Gebäudes über die Gebäudetechnik bis zu den einzelnen Arbeitsplätzen. Alte Gebäude können ebenfalls innovationsfördernd wirken, indem sie es Personen ermöglichen, Arbeitsumgebungen zu relativ geringen Kosten und ohne großen Verwaltungsaufwand anzupassen. So sind Garagenwerkstätten beispielsweise zu einer zentralen Metapher für die Generierung erfolgreicher Innovationen geworden – eine Reihe erfolgreicher Unternehmen wie Hewlett Packard und Apple nutzten sie als erste Arbeitsumgebung. Über die Unterscheidung von FuE-Arbeitsumgebungen nach verschiedenen Gebäudetypen hinaus sind Mitarbeiter im FuE-Bereich, die von zu Hause aus arbeiten, ein relativ neues Phänomen, das zunehmend Potential bietet. Diese Möglichkeit schafft für Mitarbeiter nicht nur einen neuen Grad der Flexibilität, sondern kann auch die Anzahl der Arbeitsplätze verringern, die ein Arbeitgeber zur Verfügung stellen muss.

Bei der Gestaltung der Arbeitsumgebung geht es aber nicht nur um die Förderung von Kreativität sowie die Optimierung von Prozessen und zugrundeliegenden Kostenstrukturen. Unternehmen wie Google oder Lego nutzen ihre FuE-Zentren, um ihre Unternehmen der Außenwelt als Zentren der Innovation zu präsentieren. Die Gestaltung von FuE-Arbeitsumgebungen sollte zu diesem Zweck nicht nur FuE-Anforderungen berücksichtigen, sondern auch die Rolle, die FuE in der Organisation insgesamt und in ihren Partnernetzwerken spielt.

Auf Grundlage einer Analyse der aktuellen Tendenzen in der Forschung und Entwicklung und den Anforderungen an die Gestaltung der Arbeitsumgebung hat das Competence Center FuE-Management am Fraunhofer IAO modulare Arbeitsumgebungsszenarien beschrieben und eine Methode entwickelt, um den Gestaltungsprozess zukünftiger FuE-Arbeitsumgebungen zu unterstützen. Im Folgenden werden die wichtigsten Erkenntnisse und Beiträge zusammengefasst.

Tendenzen in der Forschung und Entwicklung

Zu den größten Herausforderungen, vor denen zukünftige FuE-Arbeitsumgebungen stehen, gehören der technologische Fortschritt, neue Modelle der Zusammenarbeit und die sich wandelnden Anforderungen an FuE-Ergebnisse. Zu den Aspekten, die bei der Gestaltung von FuE-Arbeitsumgebungen berücksichtigt werden müssen, zählen die folgenden:
– *Zunehmende Vernetzung von FuE:* Wie wird das Wertschöpfungsnetzwerk in Zukunft aussehen, und wer sind die Schlüsselpartner, die heute und in Zukunft an FuE-Prozessen

beteiligt sind?

- *Entwicklung integrierter Lösungen:* Welche Kompetenzen und Prozessphasen werden benötigt, um kundenorientierte Lösungen anstatt einzelner Produkte zu entwickeln?
- *Mehr Arbeitsplatzflexibilität:* Welchen Grad an Flexibilität sollten Mitarbeiter und Partner des FuE-Wertschöpfungsnetzwerks heute und in Zukunft haben?

All diese Aspekte verlangen eine ausführliche Analyse der heutigen und zukünftigen Arbeitsprozesse und Organisationsstrukturen. Die vom Fraunhofer IAO entwickelte Methode gewährleistet, dass Unternehmen diese Aspekte bei der Gestaltung von FuE-Arbeitsumgebungen berücksichtigen.

Methodik zur Unterstützung der Gestaltung von FuE-Arbeitsumgebungen

Diese Methodik vereint die Erfahrung zweier Kompetenzzentren am Fraunhofer IAO; FuE-Management und Workspace Innovation. Sie liefert praktische Beispiele und einen Schritt-für-Schritt-Ratgeber zur Gestaltung von Arbeitsumgebungen, die den heutigen und zukünftigen Anforderungen gerecht werden. Indem es alle wichtigen Gestaltungsphasen von der Analyse der Tätigkeitsprofile über die Entwicklung bewährter Raum- und Bürokonzepte bis zur Erfolgsmessung von FuE-Arbeitsbereichen behandelt, wird die Berücksichtigung aller notwendigen Anforderungen in der endgültigen Gestaltung der Arbeitsumgebung sichergestellt. Während der Gestaltungsphasen wird zu diesem Zweck eine Auswahl von modularen Arbeitsplatz- und Raumszenarien angefertigt, die in enger Abstimmung mit den späteren Nutzern schrittweise verfeinert und an die spezifischen Bedürfnisse angepasst werden.

Szenarien für zukünftige FuE-Arbeitsumgebungen

Zu den Szenarien für FuE-Arbeitsumgebungen gehören Module wie *Kreativwerkstätten*, *individuelle Schreibtischarbeitsplätze* und *Projekträume*. Die endgültige Auswahl der Module hängt von den spezifischen Bedürfnissen des FuE-Bereichs bzw. der jeweiligen FuE-Fachabteilung ab. Die Verwendung modularer Szenarien erleichtert das Erstellen erster Modelle der zukünftigen FuE-Arbeitsumgebung mithilfe vorgefertigter Lösungen, die die jüngsten Entwicklungen im Bereich der Kommunikations- und Kollaborationsmethoden und -technologien berücksichtigen und leicht nach spezifischen Bedürfnissen geformt und angepasst werden können.

Schlussfolgerungen für die Arbeitsgestaltung

FuE und Innovation nehmen eine Spitzenstellung bei der Entwicklung neuer Produkte, Dienstleistungen und Prozesse ein. Sie sind deshalb Schlüsselbereiche, für die in Industrieunternehmen eine moderne Arbeitsgestaltung angewandt sollte. Die bewusste Gestaltung einer FuE-Arbeitsumgebung genießt in FuE-Abteilungen jedoch selten hohe Priorität.

Forschungsergebnisse zeigen, dass die Gestaltung physischer Umgebungen Prozesse wie Wissensaustausch, Lernen und Kooperation, die bei der Produktentstehung eine herausragende Rolle spielen, fördern kann. Deshalb sollte es eine wichtige Aufgabe des FuE-Managements sein, FuE-Projekte wirksamer und effizienter zu gestalten und dabei von den jüngsten Entwicklungen im Bereich der Kommunikations- und Kollaborationsmethoden und -technologien zu profitieren.

Arbeitsgestaltung: Zwei Zukunftsmodelle – Foxconn und die Gläserne Manufaktur von Volkswagen

Frank Emspak

Unsere Gesellschaften und Arbeitskräfte stehen vor drastischen Alternativen. Der Unterschied zwischen Foxconn in China und der Gläsernen Manufaktur von Volkswagen in Dresden stellt den vielleicht größten möglichen Kontrast dar, der zwei individuelle aber profitable Modelle der Arbeitsorganisation veranschaulicht.

Die Arbeitsorganisation bezieht sich auf das benötigte Kompetenzniveau, die Dichte und den Entwicklungsstand von Maschinen und die Beschaffenheit des Steuermechanismus, die Intensität der Arbeit und die Entlohnung. Steuermechanismen reichen von der menschlichen Steuerung der Geschwindigkeit und des körperlichen und geistigen Einsatzes bis zur Fremdsteuerung. Zu diesem Spektrum gehört die kompetenzabhängige Automatisierung, bei der Arbeitskräfte mit höheren Fähigkeiten einen hohen Grad an Autonomie erhalten. Die Herausforderung liegt darin, ein System zu entwickeln, das die menschlichen Bedürfnisse auf zukunftsfähige Weise erfüllt – gerade in Anbetracht der sozialen Kräfte, denen Berufstätige und unsere Gesellschaft ausgesetzt sind.

Wichtige Entwicklungen im modernen Arbeitsumfeld

– Die extreme Mobilität des Kapitals;
– die relativ unelastischen Arbeitsmärkte;
– die niedrigen Kosten des internationalen Transports;
– der schnelle internationale Datenaustausch;
– die extreme Konzentration des Besitzes / der Kontrolle über große Unternehmen; die Finanzialisierung vieler westlicher Wirtschaftssysteme.

Die extreme Mobilität des Kapitals ermöglicht Investitionen in die Produktion in fast allen Teilen der Welt, oft in Ländern, in denen niedrige Löhne, ein relativ hohes Kompetenzniveau und die Unfähigkeit der Arbeitskräfte, auf eine Verbesserung ihrer Lebensbedingungen proportional zu der gesteigerten Produktivität durch die Fremdinvestitionen zu bestehen, zusammenkommen. Ein Bestandteil dieser Mischung sind oft autoritäre Regime, die Investitionen und hohe Erträge garantieren – zumindest für einen gewissen Zeitraum.

Relativ unelastische Arbeitsmärkte stehen oft mit der extremen Mobilität des Kapitals im Zusammenhang. So gewährleistet beispielsweise das Nordamerikanische Freihandelsabkommen Investitionen und freien Kapitalfluss, verhindert jedoch freie Arbeitnehmermobilität. Die Folgen eines unelastischen Arbeitsmarktes machen es einfacher, schlechte Arbeitsbedingungen und niedrige Löhne aufzuzwingen, da es wenige Alternativen gibt. Fehlende Bildungsmöglichkeiten schränken Personen in ihrer Entwicklung ein, wodurch der Arbeitsmarkt technologischen Veränderungen gegenüber noch weniger aufgeschlossen ist und eine noch größere Gefahr für Arbeitskräfte besteht, dass ihr Arbeitsplatz in ein anderes Land ausgelagert wird.

Die niedrigen Kosten des internationalen Transports ermöglichen den effizienten Export von Waren und damit eine extreme Mobilität des Kapitals. Das hat unter anderem die Entstehung weltweiter Lieferketten zur Folge. Auch wenn einige Naturkatastrophen diese Lieferketten in jüngster Zeit in Frage gestellt haben, scheint das Modell stabil verankert zu sein. Diese großflächigen Lieferketten werden auch durch die mangelnde Elastizität des Arbeitsmarktes unterstützt.

Die exponentiell zunehmende Geschwindigkeit und Dichte des Datentransfers ermöglicht ebenfalls großflächigere Lieferketten. Es ist nicht nur theoretisch möglich, die Produktion jeder einzelnen Maschine einer modernen Fabrik aus Tausenden Kilometern Entfernung zu überwachen, es ist auch äußerst praktisch, die Stunden- und Tagesproduktion, die Produktivität und die Lohnkosten von weit von der Produktionsstätte entfernt liegenden Orten zu überwachen und von dort aus auch einige produktionstechnische Entscheidungen zu treffen.

Ein hoher Konzentrationsgrad und die Überzeugung, dass Finanzaktivitäten Wohlstand generieren, haben ebenfalls einen erheblichen Effekt auf das Arbeitsumfeld, indem sie die Bereitschaft fördern, viele produktive Aktivitäten in den „fortschrittlichen" Industrieländern einzustellen, was zur Instabilität bei der Fertigung und zu einer mangelhaften Investitionsinfrastruktur beiträgt, insbesondere in Bezug auf die Ausbildung von Facharbeitern in Branchen, die sich am besten für Lehrberufe eignen.

Chancen und Risiken für das Arbeitsleben der Zukunft

– Die technischen Kapazitäten von Produktionssystemen ermöglichen die sichere, energieeffiziente und fachmännische Ausführung von Arbeit.
– Eine gerechtere Verteilung von Reichtum kann Fortschritte in allen Aspekten der menschlichen Entwicklung ermöglichen.
– Auch das Gegenteil ist wahr – das Aufzwingen künstlicher Finanzstrukturen kann bei einem weiterhin annehmbaren Produktivitätsgrad den Lebensstandard senken.
– Die zunehmenden Sparmaßnahmen anstelle von Investitionen können zur Destabilisierung der erforderlichen Investitionen führen, die benötigt werden, um eine gesunde Wirtschaft aufrechtzuerhalten – wie mangelnde Investitionen in die Ausbildung und die noch offensichtlichere Auflösung einiger der prestigereichsten privaten Forschungseinrichtungen wie Bell Labs beweisen.
– Kurzfristiges Denken, insbesondere in Bezug auf Energieverbrauch und Produktion, stellt eine weitere Bedrohung des Arbeitslebens dar.

Auswirkungen auf die Arbeitsgestaltung

Die Arbeitsgestaltung ist für die Art, in der Kapital durch die Gesellschaft insgesamt verwaltet und kontrolliert wird, entscheidend. Die Arbeitsgestaltung ist keine unabhängige Variable, sondern unterliegt den Zwängen der Umwelt (körperlich, intellektuell und finanziell). Die Gestaltung der Arbeit muss Aspekte des Humankapitals wie Gesundheit und intellektuelle Werte, die eine Voraussetzung für die Fähigkeiten des Denkens, des Gestaltens und der Innovation sind, ausdrücklich wertschätzen. Solange wir die technischen Kenntnisse haben, um eine befriedigende Arbeit zu gestalten, muss die Gesellschaft (die Politik) folglich den durch die extreme Mobilität des Kapitals in Kombination mit einem hohen Konzentrationsgrad entstehenden Zwängen etwas entgegensetzen, wenn sie die Ziele einer hohen Produktivität, hoher Kompetenzniveaus und der Arbeitszufriedenheit erreichen will.

Foxconn ist ein Beispiel für das genaue Gegenteil der beschriebenen Prinzipien der Arbeitsgestaltung. Es führt die tayloristische Arbeitsteilung ins Extreme, indem es Tausende geringqualifizierter Arbeiter dazu nutzt, die Aufgaben eines stärker mechanisierten, geschickteren Produktionssystems auszuführen. Foxconns Tätigkeit ist nun durch seine Kunden unter Druck geraten, die auf den Protest der Endnutzer reagieren und Änderungen fordern, die das Foxconn Modell einer niedrigen Qualifizierung und niedriger Löhne destabilisieren.

In manchen Teilen Deutschlands, Italiens, Spaniens und sogar der USA lassen sich auch Gegenbeispiele zu Foxconn finden, die viele der oben aufgeführten positiven Gestaltungsprinzipien befolgen. All diese Beispiele sind jedoch einem extrem hohen Konkurrenzdruck ausgesetzt. Deshalb müssen bewusst politische Strategien eingeführt werden, die diese Produktionsmethoden und alternative Besitzverhältnisse anerkennen, um diese Vorreiter einer (erfolgreichen) Arbeitsgestaltung zu erhalten und zu fördern.

Wissensarbeit in Zukunft – Was bleibt?

Hans-Georg Schnauffer

Seit Jahrzehnten werden phantasiereiche Szenarien zur Zukunft der Wissensarbeit entwickelt. Dauerbrenner sind dabei u.a. das papierfreie oder das virtuelle Büro – beides Szenarien, die oft eng mit verschiedensten Formen der Sprachsteuerung verbunden sind. Statt mühsamen Schreiben einfach nur noch Reden, fertig. Aber Vorsicht: Längst nicht alles, was bei lokaler Betrachtung der theoretischen Vorteile attraktiv erscheint, steht im Einklang mit den übergreifenden – wenn man so möchte – „Naturgesetzen" der Wissensarbeit.

Neue Möglichkeiten der Wissensvermittlung versus Biologie des Menschen

Was also sorgt trotz aller dynamischen Veränderungen an der Oberfläche für fundamentale und langfristige Konstanz bei der Wissensarbeit? Zum Beispiel schlicht die Biologie des Menschen: Im Hinblick auf die Wahrnehmung der Umwelt über die Sinnesorgane, insbesondere Auge und Ohr, kann man getrost davon ausgehen, dass sich hierbei nichts ändert. Die Weitergabe und die Aufnahme von Wissen werden auch langfristig in allererster Linie über Augen (Licht) und Ohren (Akustik) stattfinden. Denn bei einer Zukunftsphantasie ist sich die Hirnforschung einig hinsichtlich ihrer Unmöglichkeit für die nächsten Jahrzehnte: Dass nämlich Maschinen direkt aus den Gedanken des Menschen transferierbare optische oder akustische Artefakte erzeugen.

Interessant in Blezug auf künftiges Arbeiten ist die Frage, in wie weit neue technische Möglichkeiten, die zu einer Verlagerung der Sinneskanäle zum Beispiel vom Auge zum Ohr führen, mit den biologischen Eigenschaften dieser Organe kompatibel sind. Greift man sich die diversen Entwicklungskorridore heraus, die z.B. über Sprachein- und ausgabe Informationen rein akustisch übermitteln, so stößt man bei größeren Umfängen schnell an Grenzen der Praktikabilität und letztlich der Wahrnehmung. Denn es gibt wichtige Elemente, die rein akustisch nicht möglich sind, wie zum Beispiel:

a) Einen schnellen Überblick durch „Querlesen" bzw. „Durchblättern" und
b) Bestimmte Zusammenhänge visuell mit Bildern darzustellen („ein Bild sagt mehr als tausend Worte").

Das Ohr besitzt phänomenale Fähigkeiten, auch bei lauten Umweltgeräuschen eine Stimme herauszuhören, für ein „Querhören" eignet es sich jedoch nicht. Genauso wenig eignet sich Akustik zur Visualisierung. In beiden Fällen ist das Auge dem Ohr überlegen und damit schlicht effizienter. Es erzeugt wesentlich schneller Relevanz.

Was bleibt? Vier Thesen!

1. *Schrift und Bilder bleiben die dominante Syntax der Wissensvermittlung!*
   Viele heutige Nachteile der akustischen Informationsübermittlung, wie zum Beispiel

Durchsuchbarkeit, werden mittelfristig lösbar sein. Was bleibt ist der grundsätzliche Vorsprung des Sinnesorgans „Auge" bei der Aufnahme und Verarbeitung der Informationsmenge. Der überwiegende Teil des einen Gigabytes an Daten, das der Mensch pro Sekunde aufnimmt, entfällt im Schnitt zu einem deutlich größeren Anteil auf das Auge, als auf das Ohr.

Schrift hat sich außerdem zu einem hochkomplexen System entwickelt, das über viele Jahre in der Schule vermittelt wird. Dieses weltweit praktizierte System von Konventionen der Informations- und Wissensrepräsentation ist damit auch sozial konkurrenzlos. Deshalb liefert Schrift auch auf absehbare Zeit die besten Suchmöglichkeiten.

Damit werden Schrift und Bilder sehr wahrscheinlich für die nächsten Jahrzehnte für die Wissensvermittlung ihre dominante Rolle behalten. Verschieben wird sich sicherlich die Gewichtung zwischen Text und Bildern. Insbesondere bewegten Bildern wird ein deutlich stärkeres Gewicht zukommen. Letztere dann natürlich auch mit akustischen Elementen, wobei sie eben auch sprachunabhängig und damit global funktionieren.

2. *Wenn Schrift und Bilder bleiben, dann bleiben auch Papier und Tastatur!*

Papier braucht keinen Strom und wird immer die beste Auflösung haben – sowohl für Schrift, als auch für Bilder. Tastaturen werden höchstwahrscheinlich ebenso für die Erfassung von Schrift das führende Interface bleiben, denn sie sind schneller und leiser als Spracheingaben. Sicher werden Tastaturen neue Formen annehmen und aus anderen Materialien bestehen (zum Beispiel Stoff oder Licht), so dass sie sich künftig auch in ganz anderen Umgebungen wiederfinden. An der grundsätzlichen Logik der Erzeugung von Schrift wird das aber wenig ändern.

3. *Wenn Papier und Tastatur bleiben, dann bleiben auch Tische und Bildschirme!*

Papier wird aus den genannten Vorteilen nicht verschwinden. Sicher wird die Menge stagnieren oder sinken. Der papierfreie Wissensarbeiter dürfte aber auch langfristig nicht zum Regelfall werden. Papier braucht eine Unterlage. Damit werden Tische und Stühle bleiben.

Bildschirme werden wie Tastaturen qualitative, materielle und lokale Metamorphosen durchlaufen. Die technischen Trends zu mehr Auflösung, größeren Flächen, Berührungsempfindlichkeit, auch dreidimensional, werden sich fortsetzen. Dass Wissensarbeiter aber eine derartige Infrastruktur auch noch in zig Jahren haben, dürfte feststehen. Ändern wird sich die Fläche oder der Raum, in der das Bild erzeugt wird. Absehbar ist auch, dass Tischflächen und Bildschirme ineinander übergehen.

4. *Wenn Tische und Bildschirme bleiben, dann bleiben Wände und Büros.*

Auch große senkrechte Flächen wie Wände werden mehr und mehr für die Wissensarbeit funktional werden. Dabei geht es nicht nur um Abschottung, sondern zunehmend auch um Unterstützung bei Visualisierungen zum Beispiel mit Großbildschirmen und interaktiven Gestaltungsflächen, die besonders in kollaborativen Situationen die Limitationen der heutigen Lösungen durchbrechen werden. Das gilt sowohl für face-to-face-Prozesse, als auch für virtuelle Prozesse, deren Anteil sicher deutlich zunehmen wird.

Im Endeffekt bedeuten diese Herleitungen, dass das, was wir heute als Wissensarbeitsplatz namens Büro kennen, grundsätzlich Bestand haben wird. Das dürften mit an Sicherheit grenzender Wahrscheinlichkeit langfristig stabile Konstanten im Wandel sein, die selbstverständlich an der Oberfläche deutliche Entwicklungen durchlaufen werden, aber dennoch auch in 30 oder 50 Jahren wiedererkennbar sein werden.

Index of Authors

Eur Ing Dr. Keith Bevis Nach fünfundzwanzig Jahren industrieller Erfahrung in der Fertigungsindustrie und fünf Jahren als Berater kam Keith Bevis zur University of Hertfordshire, um ein Kompetenztraining für die Automobilindustrie zu entwickeln. Bis 2011 baute er nachhaltige Geschäftsbeziehungen mit der Industrie auf. Anschließend wurde Dr. Bevis Geschäftsführer von EValu8-TI, einem führenden Unternehmen für die Entwicklung einer initialen Infrastruktur für Elektroautos im Osten Englands. Elektroautos bieten unseren Partnern und der Universität Innovationschancen.

Prof. Dr. Kirsimarja Blomqvist ist Professorin für Wissensmanagement an der School of Business und Vizedirektorin des Technology Business Research Center an der Lappeenranta University of Technology in Finnland. Sie ist zudem regelmäßig Rednerin in Unternehmensseminaren zu den Themen Vertrauen, Wissensmanagement, Innovation und Zusammenarbeit. Ihre Forschungsbeiträge wurden unter anderem in Fachjournalen wie California Management Review, Scandinavian Journal of Management, Creativity and Innovation Management, Research Policy, R&D Management, Technovation und Industrial Marketing Management veröffentlicht.

Prof. Dr. Fritz Böhle Bis 2008 Professor für Sozioökonomie der Arbeits- und Berufswelt an der Universität Augsburg, seitdem Leiter der Forschungseinheit für Sozioökonomie der Arbeits- und Berufswelt. Studium der Soziologie in Verbindung mit Volkswirtschaft und Psychologie. Seit 1972 Forschungstätigkeit am Institut für Sozialwissenschaftliche Forschung München e.V. (ISF) und seit 1998 Vorsitzender des Vorstands des ISF. Forschungsschwerpunkte: Entwicklungen von Arbeit, Verwissenschaftlichung und Erfahrungswissen, erfahrungsgeleitetes-subjektivierendes Handeln, Grenzen der Planung und Ungewissheit, informelle Prozesse und Vertrauen in Unternehmen, Innovationsarbeit und Arbeitsgestaltung.

Dipl. oec. Jennifer Bredtmann ist Wirtschaftswissenschaftlerin und arbeitet an der Bergischen Universität Wuppertal als wissenschaftliche Mitarbeiterin im Interdisziplinären Zentrum III für das Management technischer Prozesse. Sie schreibt ihre Dissertation im Bereich Netzwerke, Voraussetzungen, Zuversicht, Innovation und Sicherheit. Sie gibt Lehrveranstaltungen zu den Themen Qualitätssicherung und Qualitätsinstrumente sowie Management Systeme. Außerdem ist sie Expertin auf dem Gebiet der Gender Studies

Dr.-Ing. Peter Brödner Jahrgang 1942, Diplomingenieur für Maschinenbau und Dr.-Ing. der Technischen Universität Berlin. Nach 7 Jahren als wissenschaftlicher Mitarbeiter am Institut für Produktionstechnische Automatisierung und 13 Jahren als Projektleiter großer industriegetriebener Forschungs- und Entwicklungsprojekte in den Bereichen flexible Automatisierung und fertigkeitsbasierte Herstellung war er in den letzten 15 Jahren Leiter der Abteilung Produktionssysteme am Institut für Arbeit und Technik mit den Arbeitsgebieten Gestaltung computerunterstützter Arbeit und organisationaler Wandel

Dr. Mariana Dodourova ist Senior Lecturer an der University of Hertfordshire Business School. Dr. Dodourova sammelte vor ihrem Wechsel in die Wissenschaft im Jahr 2002 fünfzehn Jahre Erfahrung in der Industrie, unter anderem 6 Jahre lang als Geschäftsführerin ihres eigenen Kleinunternehmens. In ihrer Forschung beschäftigt sie sich mit Technologie- und Innovationsmanagement, KMU, interorganisationale Beziehungen und Kooperationen sowie Unternehmensnetzwerken. Einige ihrer Artikel sind in Fachzeitschriften wie European Business Review, Management Decision, Journal of Global Strategic Management und Conradi Research Review erschienen.

Stephen Downes Senior Researcher am kanadischen National Research Council und einer der führenden Verfechter der Anwendung von Online-Medien und -Dienstleistungen im Bildungswesen. Internationale Anerkennung erhielt er durch seine herausragende Arbeit im Bereich des Online Learning (OLDaily Online-Newsletter). Er ist einer der Vorreiter der Entwicklung von Lernobjekten und war einer der ersten Anwender und Entwickler der RSS Content-Syndication im Bildungswesen. Downes hat das Konzept des E-Learning 2.0 eingeführt und gemeinsam mit George Siemens das Konzept des Konnektivismus entwickelt und definiert.

Prof. Leif Edvinsson Einer der wichtigsten Pioniere zur Theorie und Praxis des Intellektuellen Kapitals. Weltweit erster Director Intellectual Capital im Jahr 1991; initiierte 1994 das Erstellen der weltweit ersten veröffentlichten Jahreswissensbilanz eines Unternehmens. Wird in einem Buch der London Business Press unter den „50 einflussreichsten Denkern der Welt" aufgeführt. Seit 2000 Professor für Intellektuelles Kapital an der Lund University. 2006 als außerordentlicher Professor an die Hong Kong Polytechnic University berufen und 2007 zum ordentlichen Professor befördert.

Prof. em. Frank Emspak, Ph.D. Professor Emeritus der University of Wisconsin – Extension; Direktor des Center for Applied Technology (Massachusetts); Fellow – National Institute Standards and Technology; ehemaliger Fachmechaniker und Gewerkschaftsvertreter. Derzeit leitender Produzent und CEO bei Diversified Media Enterprises, Madison WI. www.laborradio.org; franemspak@gmail.com

Dipl. oec. Birgit Fingerle ist Innovationsmanagerin an der ZBW – Leibnitz-Informationszentrum Wirtschaft. Sie studierte Wirtschafts- und Sozialwissenschaften an der Universität Lüneburg mit Schwerpunkt auf Marketing sowie Innovations- und Technologiemanagement. Birgit Fingerle ist für das operative Innovationsmanagement der ZBW verantwortlich, insbesondere für die Aktivitäten der ZBW im Bereich offener Innovation. Sie arbeitet an einer fachlichen Qualifikation im Bereich der Systemischen Transaktionsanalyse und Tiefenpsychologie für Coaching und Supervision.

Stella Fleischer, M.A. hat Soziologie (M.A.) an der Universität Münster und Soziologie und Kommunikationswissenschaften (B.A.) an der RWTH Aachen studiert. Zurzeit ist sie Doktorandin an der geisteswissenschaftlichen Fakultät der RWTH Aachen und schreibt ihre Doktorarbeit über Arbeits- und Bildungssoziologie. Außerdem arbeitet sie als persönliche und wissenschaftliche Beraterin am Zentrum für Lern- und Wissensmanagement (ZWL) der RWTH Aachen.

Kayano Fukuda, Ph.D. ist Gastdozentin an der National University Singapore und arbeitet seit 2003 im Center for Research and Development Strategy der Japan Science and Technology Agency. Sie hat einen B.A. in Agrarwissenschaften der Kyoto University und erhielt 2008 ihren Ph.D. in Wirtschaftsingenieurwesen und Management vom Tokyo Institute of Technology. Ihre aktuellen Forschungsinteressen liegen in Innovationsökosystemen, Innovationsmanagement und Wissenschafts-, Technologie- und Innovationspolitik.

Dipl.-Ing. Thomas Fundneider, MBA ist Gründer und Geschäftsführer der Innovationsagentur theLivingCore GmbH, die sich auf die Themenbereiche Strategie, Innovation und Transformation spezialisiert hat. Er lehrt an mehreren europäischen Universitäten und ist Gründungs- und Vorstandsmitglied der Product Development and Management Association (pdma) Austria. http://www.theLivingCore.com.

Charlie Grantham, Ph.D. ist Vietnamveteran und hat acht Jahre in der US-Armee verbracht. Außerdem hat er als Universitätsprofessor und als Führungskraft in der Forschung und Entwicklung in globalen Technologieunternehmen gearbeitet. Er erhielt 1980 seinen Ph.D. in Soziologie von der University of Maryland und hat sieben Bücher und Dutzende technische Abhandlungen verfasst. Jetzt hilft er Gemeinschaften und ihren Anführern dabei, ihr Nachhaltigkeitspotential durch die Organisation einer neuen Community of Practitioners auszuschöpfen. www.comm-design.net.

Uwe Hauck, M.A. hat an der Universität Osnabrück studiert und seinen Master in Computerlinguistik und Künstlicher Intelligenz gemacht. 1994 erhielt er von IBM ein Forschungsstipendium in Heidelberg. Danach arbeitete er als Softwareentwickler bei der Postbank AG und der VR Kreditwerk AG: Seit 2012 ist er Berater für Online-Marketing und Social Media bei der Bausparkasse Schwäbisch Hall AG. Außerdem ist er Berater, Blogger und Trendforscher im Bereich „Arbeitsplatz der Zukunft", Social Media und Mobile Computing.

Dr. rer. nat. Frank Hees ist stellvertretender Direktor des Institutsclusters IMA/ZWL & IfU an der RWTH Aachen. Der Schwerpunkt seiner Arbeit liegt auf der Strategieberatung und dem Wissensmanagement in Unternehmen und Netzwerken, Personal- und Organisationsentwicklung, Teamentwicklung und Einzelcoaching von Führungskräften, Begleitung von Change Prozessen, Analyse und Reorganisation von Partizipations- und Empowermentprozessen und Trainings zu den Themen Projekt- und Zeitmanagement, Kreativität, Systemisches Management, Change Management, Netzwerk- und Wissensmanagement, Beteiligungsqualifizierung sowie der Moderation von Arbeitsprozessen.

Dr. Gabriele Hoeborn ist Bauingenieurin. Sie arbeitet als Senior Researcher an der Universität Wuppertal. Ihre Forschungsbereiche sind Qualität und nachhaltige Entwicklung, Ingenieurwesen und Kommunikation sowie Managementsysteme. Dr. Hoeborn unterrichtet an der Technischen Universität Košice in der Slowakei und an der Fachhochschule Zürich, Schweiz. Darüber hinaus ist sie Expertin im Bereich Gender Studies und war an verschiedenen europäischen Projekten beteiligt.

Prof. Heather Hofmeister, Ph.D. ist Professorin für Soziologie, Fachgebiet Soziologie der Arbeit, und Co-Direktorin des Center for Leadership and Behavior in Organizations an der Goethe-Universität Frankfurt. Davor war sie als Vizerektorin für Personalmanagement und -entwicklung und Professorin für Soziologie, Schwerpunkt Gender- und Lebenslaufforschung an der RWTH Aachen University tätig. Ihr Ph.D. wurde ihr von der Cornell University verliehen. Hofmeisters Fachgebiete sind Arbeit und Familie aus einer international vergleichenden Lebenslaufperspektive und der Transfer von Wissenschaft in die Praxis.

Prof. Dr. Jürgen Howaldt Jahrgang 1960, Sozialwissenschaftler, Direktor der Sozialforschungsstelle Dortmund, einer zentralen wissenschaftlichen Einrichtung der TU Dortmund.

Lena Hünefeld, M.A. studierte von 2003-2009 an der RWTH Aachen University Soziologie. Seit April 2009 ist sie wissenschaftliche Mitarbeiterin am Institut für Soziologie der RWTH Aachen. Außerdem ist sie seit September 2011 Mitglied des wissenschaftlichen Personals der Goethe-Universität Frankfurt.

Prof. Dr. rer. nat. Sabina Jeschke ist Professorin an der Fakultät für Maschinenwesen der RWTH Aachen University. Sie ist Direktorin des interdisziplinären Institutsclusters IMA/ZLW & IfU. Ihre Forschungsschwerpunkte sind unter anderem komplexe IT-Systeme (z.B. Cloud Computing, Internet of Things, Green IT & ET, Semantic Web Services), Robotik und Automatisierung (z.B. heterogene und kooperative Robotik, Kooperierende Agenten, Web Services in der Robotik), Verkehr & Mobilität (autonome und teilautonome Verkehrssysteme, internationale Logistik, car2car & car2X Modelle) und Virtuelle Welten für Forschungskooperationen (z.B. Virtuelle & Remote Labore, Intelligente Assistenten, Semantische Kodierung von Fachinhalten).

Dipl. Soz.-Wiss. Milena Jostmeier hat Sozialwissenschaften studiert und ist wissenschaftliche Mitarbeiterin an der Sozialforschungsstelle Dortmund, einer zentralen wissenschaftlichen Einrichtung der TU Dortmund, Forschungsbereich Dienstleistungen im gesellschaftlichen Wandel, Arbeitsbereiche: Arbeitssoziologie, Organisationssoziologie, Wissenschaftssoziologie, Fachgebiete: arbeitsorientierte und soziale Innovation, Wissensproduktion im Verbund von Wissenschaft und Praxis, Berufsforschung als transdisziplinärer Bereich.

Dipl.-Kfm. Martin Kamprath ist Forscher am Institut für Innovationsmanagement und Entrepreneurship der Universität Potsdam. Er ist Co-Autor zweier Bücher zur Zukunft (der Arbeit) in der Kreativwirtschaft. Er hat in führenden Medienunternehmen und in einem medienbasierten Spin-Off gearbeitet.

Dr. Anna Maria Koeck ist Leiterin der Abteilung „Innovationsmanagement und soziale Medien" an der ZBW. Sie hat am Institut für Wissensmanagement der Technischen Universität Graz gearbeitet und war als Lehrbeauftragte am Lehrstuhl für Innovations- und Technologiemanagement der Universität Wien tätig. In ihrer interdisziplinären Doktorarbeit ging sie der Frage nach, wie Kreativität im Innovationsprozess durch Web-Anwendungen unterstützt und gefördert werden kann.

Dr. Ralf Kopp Jahrgang 1961, Sozialwissenschaftler, Koordinator des Forschungsbereichs Lernende Organisation und Netzwerke an der Sozialforschungsstelle Dortmund, einer zentralen wissenschaftlichen Einrichtung der TU Dortmund.

Dr. Barbara Light ist Bildungsberaterin, die innovative berufliche Lernprogramme für Führungskräfte entwickelt und unterstützt. Sie ist Expertin in der Implementierung von Systemen des lebenslangen Lernens in der Hochschulbildung und arbeitete viele Jahre lang als leitende Wissenschaftlerin an einer britischen Universität. Sie hält regelmäßig Vorträge auf Konferenzen und veranstaltet Workshops in ganz Europa. Sie ist wissenschaftliche Beraterin und Gutachterin für institutionelle europäische Projekte und forscht und schreibt für akademische wie kommerzielle Publikationen.

Dr. ir. Sebastiaan Meijer ist Privatdozent für Verkehrssysteme am Institut für Verkehr und Logistik des Royal Institute of Technology, KTH, in Stockholm, Schweden. Er baut zurzeit ein Zentrum für Spielsimulation in Verkehrs- und Logistiksystemen auf. Spielsimulation wird zum Testen von Hypothesen, der Erforschung von Verhalten, Wissen und Wahrnehmung und die Entwicklung neuer Praktiken und Verfahren verwendet. Gleichzeitig ist Meijer Assistenzprofessor in Teilzeit an der Delft University of Technology in den Niederlanden. Hier leitet er das Railway Gaming Suite Projekt, in dessen Rahmen Spielsimulationen für den niederländischen Eisenbahnsektor gebaut werden.

Larissa Müller, M.A. hat 2004-2012 Politikwissenschaften und Soziologie an der RWTH Aachen University studiert. Seit November 2012 ist sie wissenschaftliche Mitarbeiterin am Institutscluster IMA/ZLW & IfU der RWTH Aachen University.

Christina Öberg, Ph.D. ist Assistenzprofessorin an der Lund University, Schweden. Ihr Ph.D. in Marketing wurde ihr von der Linköping University verliehen. Zu ihren Forschungsinteressen gehören Fusionen und Übernahmen, Netzwerke, Kundenbeziehungen und Innovationsmanagement. Sie hat in Zeitschriften wie European Journal of Marketing, Journal of Business Research, International Journal of Innovation Management, Scandinavian Journal of Management und Industrial Marketing Management publiziert.

Marc Paczian Selbsternannter Mobilitätsjunkie und langjähriger Digital Native, arbeitet seit fast zwei Jahrzehnten in der IT-Branche. Sein derzeitiger Job bei einem großen internationalen Enterprise-Content-Management-Unternehmen verschafft ihm Einblicke in die Arbeitsweise vieler Unternehmen und ihre Art, mit Veränderungen der Arbeitsweise umzugehen, um ein optimales Umfeld für Wissensarbeiter zu schaffen.

Prof. Dr. Markus F. Peschl ist Professor für Cognitive Science und Wissenschaftstheorie an der Universität Wien, Co-Founder der theLivingCore Innovationsagentur. Forschungsfelder: inter-/transdisziplinäre Felder von (radikaler) Innovation und Kognition, Schnittstellen von Design und der Entstehung neuen Wissens in kognitiven Systemen, Wissenschaft, Organisationen. Arbeitsschwerpunkt: Konzepte der Emergent Innovation und der Enabling Spaces, Räume, die Innovations- und Wissensarbeit unterstützen. http://www.univie.ac.at/knowledge/peschl.

Prof. Frank Pot, Ph.D. Jahrgang 1945, Sozialwissenschaftler, Professor für soziale Innovation von Arbeit und Beschäftigung, Radboud University Nijmegen.

Celina Proch, M.A. ist wissenschaftliche Mitarbeiterin am Lehrstuhl für Arbeitssoziologie der Goethe-Universität Frankfurt. Sie begann ihre Ausbildung als Werbekauffrau und arbeitete mehrere Jahre lang im Bereich Öffentlichkeitsarbeit. Proch setzte ihre Hochschulbildung an der RWTH Aachen University fort, wo sie ihren Abschluss in Soziologie, Psychologie und Politikwissenschaften machte, bevor sie zunächst in Aachen und dann in Frankfurt ihre Promotionsvorhaben aufnahm.

Assoc. Prof. Lauge Baungaard Rasmussen ist Soziologe und außerordentlicher Professor am Institut für Wirtschaftsingenieurwesen der Technical University of Denmark. Er hat Bücher und Artikel dazu verfasst, wie Veränderungen in Unternehmen, Gemeinschaften und Netzwerken gefördert werden können. Sein Schwerpunkt liegt vor allem auf der Frage des Zusammenwirkens qualitativer und quantitativer Methoden, der Unterstützung von Kreativität, der Strategieentwicklung und innovativen Strategieentscheidungen in Unternehmen, Gemeinschaften und Netzwerken.

Prof. Dr. Anja Richert ist Professorin an der Fakultät für Maschinenwesen und Geschäftsführerin des Zentrums für Lern- und Wissensmanagement (ZLW) der RWTH Aachen University. Ihre Forschungsschwerpunkte liegen in der Entwicklung agiler turbulenztauglicher Prozesse und Organisationskonzepte für wissens- und technikintensive Organisationen, der Entwicklung von Wissensmanagementlösungen und E-Learning-Werkzeugen (z.B. Wissenslandkarten) für diverse Branchen sowie in der Begleitforschung komplexer Organisationsentwicklungsprozesse in heterogenen Forschungsverbünden.

Yvonne Salazar, M.A. Personalentwicklung und Erwachsenenbildung. In ihrer beruflichen Karriere hat sie den Schwerpunkt auf die Verbesserung des Lerntransfers und der Lerneffizienz sowie auf das Management von Kompetenzen gelegt. Wichtige berufliche Aufgaben: Beraterin der argentinischen Regierung zur Reformierung des Berufsbildungssystems, Leiterin der Personalentwicklung bei der Stadtreinigung Berlin, Geschäftsführerin einer Bildungs- und Beratungsagentur. Heute: Projektmanagerin für Global Training Business Development bei Festo Didactic, Denkendorf, Deutschland.

Dr. Sven Schimpf arbeitet am Competence Center FuE-Management am Fraunhofer Institut für Arbeitswirtschaft und Organisation. Im Laufe seiner Karriere war er an verschiedenen Beratungsprojekten beteiligt, die industrielle Forschung und Entwicklung in verschiedenen Fachbereichen unterstützten: vom Aufbau eines Ideenmanagementsystems und Methoden für langfristige Planung bis zur Umsetzung von Prozessstrukturen einschließlich der Identifikation und Evaluation geeigneter Technologien.

Dipl.-Kfm. Hans-Georg Schnauffer ist Senior Manager im Bereich Corporate Programs der ThyssenKrupp AG und für das strategische Wissensmanagement verantwortlich. Davor war er Manager verschiedener Beratungs- und Forschungsprojekte für Wissens- und Innovationsmanagement bei der Fraunhofer-Gesellschaft. Fachgebiete: Wissensnetzwerke, Innovationsprozesse, Trendermittlung und organisationales Lernen. Er ist Mitglied des wissenschaftlichen Beirats für die Initiative „Fit für den Wissenswettbewerb" des Bundesministeriums für Wirtschaft und Technologie.

Prof. Dr. rer. oec., Dipl.-Kfm. Markus G. Schwering Jahrgang 1971, ist Professor für Betriebswirtschaftslehre an der Fachhochschule Münster und Forschungsprofessor am Institut für Angewandte Innovationsforschung der Ruhr-Universität Bochum.

Agata Siuda, M.A. arbeitet als wissenschaftliche Mitarbeiterin im interdisziplinären Forschungsprojekt City2020+ am Human Technology Centre (HumTech) der RWTH Aachen University. Sie hat Geographie, Wirtschaftsgeographie und Stadtbauwesen und Stadtverkehr an der RWTH studiert und ihr Studium im März 2009 abgeschlossen. Zurzeit promoviert sie auf dem Gebiet der Kulturgeographie.

Prof. Dr. phil., Dipl.-Soz.-Wiss. Frank Striewe Jahrgang 1969, ist Professor für Betriebswirtschaftslehre an der Fachhochschule Münster und Forschungsprofessor am Institut für Angewandte Innovationsforschung der Ruhr-Universität Bochum.

Dipl. oec. Flavius Sturm arbeitet am Competence Center FuE-Management am Fraunhofer Institut für Arbeitswirtschaft und Organisation. Nach Abschluss seines Masterstudiums der Wirtschaftswissenschaften an der Universität Hannover im Jahr 2002 wurde Flavius Sturm Mitarbeiter am Competence Center FuE-Management am Fraunhofer IAO, wo er umfangreiche Erfahrung mit Technologie- und Innovationsmanagementprojekten sammelte. Zurzeit ist er Leiter des Zentrums für Unternehmensentwicklung am Fraunhofer IAO und Projektmanager von „FuE-Arbeitsumgebung 2015+".

Prof. Dr. Klaus Tochtermann ist seit 2010 Direktor der ZBW und Professor am Lehrstuhl für Medieninformatik der Universität Kiel. Er war Professor an der Technischen Hochschule Graz und Direktor des Know-Center, Österreichs erstem industriebasierten Forschungsinstitut für Wissensmanagement. Zu seinen Forschungsinteressen gehören Linked Open Data, semantische Technologien, Open Innovation und das Internet der Zukunft.

Patrizio Tonelli, Ph.D. ist Doktor der Geschichts- und Politikwissenschaften. An der University of Bologna (Italien) beschäftigte er sich mit der italienischen und internationalen Nachkriegs-Gewerkschaftsbewegung. Zurzeit forscht er für die Fundación SOL zu „Arbeitstendenzen", koordiniert Schulungsprogramme für Gewerkschaftsführer und forscht zur Entwicklung der Arbeitsbedingungen. Außerdem koordiniert er Forschungsprojekte am Centre for Industrial Relations der wirtschaftswissenschaftlichen Fakultät (FACEA) der Universidad Central in Santiago de Chile.

Sven Trantow, M.A. ist Leiter der Forschungsgruppe „Innovations- und Zukunftsforschung" und des Projekts „International Monitoring" am Institutscluster IMA/ZWL & IfU der RWTH Aachen University. Schwerpunkte seiner Tätigkeit sind zukünftige Entwicklungen der Arbeits- und Wirtschaftswelt, die Genese von Innovationen und die Charakteristika innovationsfähiger Systeme sowie die Entwicklung von Monitoringkonzepten.

Eilif Trondsen, Ph.D. ist Direktor von Strategic Business Insights (SBI) im kalifornischen Menlo Park, wo er seit vier Jahren Virtual Worlds @ Work leitet. Dr. Trondsens Forschungs- und Beratungsschwerpunkte bei SBI – einem Ableger von SRI International (ehemals Stanford Research Institute) – liegen auf der Nutzung von Technologien für Innovation, Lernen und Performance Steigerung. Er verfügt über 32 Jahre Erfahrung bei SBI und SRI International, in denen er eine Vielzahl an Projekten für US-amerikanische und internationale Kunden aus dem öffentlichen und privaten Sektor geleitet oder zu ihrem Gelingen beigetragen hat.

FH-Prof. Mag. Dr. Thomas Wallner ist Professor für Systemtheorie und Supply Chain Management an der Fachhochschule Steyr in Österreich. Er verfügt unter anderem über

20 Jahre Erfahrung in der Unternehmensberatung und der Ausbildung von Führungskräften. Zurzeit ist er Projektmanager und einer der führenden Wissenschaftler eines
umfangreichen Forschungsprojekts zur Anwendung von High Performance Arbeitssys-
temen. Er hat einen Juris Doctor und hat Physik, Kommunikationswissenschaft, Poli-
tikwissenschaft und Recht in Wien und Allgemeine Betriebswirtschaftslehre in New
York studiert.

Dr. Werner Wobbe arbeitet in der Generaldirektion Forschung und Innovation der Europäischen Kommission und unterstützt Beratende Ausschüsse wie die aus Wirtschaftswis-
senschaftlern bestehende high Level Group „Innovation for Growth" und die „Know-
ledge Economists". Er ist ehemaliger Leiter des Referats „Science and Technology
Foresight" und des Sektors „Industrial Structures" in der Generaldirektion Unternehmen und Industrie. Er ist Autor und Herausgeber mehrerer Bücher und schreibt über
neue Herstellungssysteme, Arbeit, Sozial- und Wirtschaftsentwicklungen und Frühauf-
klärung.